OS NOVOS DESCOBRIMENTOS

Do Império à CPLP: Ensaios sobre História, Política, Economia e Cultura Lusófonas

LUÍS FERREIRA LOPES
OCTÁVIO DOS SANTOS

OS NOVOS DESCOBRIMENTOS

Do Império à CPLP: Ensaios sobre História, Política, Economia e Cultura Lusófonas

ALMEDINA

OS NOVOS DESCOBRIMENTOS

Do Império à CPLP: Ensaios sobre História,
Política, Economia e Cultura Lusófonas

AUTORES
LUÍS FERREIRA LOPES
OCTÁVIO DOS SANTOS

EDITOR
EDIÇÕES ALMEDINA, SA
Rua da Estrela, n.º 6
3000-161 Coimbra
Tel.: 239 851 904
Fax: 239 851 901
www.almedina.net
editora@almedina.net

PRÉ-IMPRESSÃO • IMPRESSÃO • ACABAMENTO
G.C. – GRÁFICA DE COIMBRA, LDA.
Palheira – Assafarge
3001-453 Coimbra
producao@graficadecoimbra.pt

Julho, 2006

DEPÓSITO LEGAL
245722/06

Os dados e as opiniões inseridos na presente publicação
são da exclusiva responsabilidade do(s) seu(s) autor(es).

Toda a reprodução desta obra, por fotocópia ou outro qualquer processo,
sem prévia autorização escrita do Editor,
é ilícita e passível de procedimento judicial contra o infractor.

ÍNDICE

Prefácio	VII
Introdução: Descobrir os novos caminhos	1

Parte I

A construção de uma Comunidade	7

Parte II

Os Novos Descobrimentos	47
A fuga de Portugal	57
Celebrar a lusofonia	61
Gritos de mar	65
Das palavras aos actos	67
Vozes pela lusofonia: propostas de estratégia para o «reencontro de culturas»	89

Parte III

Portugal hesita na «Lusaliança»	119
Brasil aposta forte em África	121
«Namorar» o gigante	125
Apostar ou morrer	129
Porquê investir em Angola?	133
Comunidade lusófona: para que te quero?	137
Onde está a «diplomacia económica»?	143
O Novo Império	147
1998 dos equívocos	151
Comunidade virtual?	155
Pôr os pontos nos «is»	157
A minha pátria é a língua portuguesa... processada por computador	161
A REDEScoberta do Brasil	169
Herdeiros de Camões: alguns factos e tendências recentes das culturas lusófonas	177
Timor, daqui Portugal!	197

PREFÁCIO

A Comunidade dos Países de Língua Portuguesa existia já muito antes de ter sido institucionalizada há 10 anos em Lisboa, em 1996. A partilha da língua portuguesa, uma herança histórica e cultural, demonstrou ser um elo muito forte para aquilo que constitui hoje uma associação de oito países em quatro continentes. Por muito diversos que fossem e por mais longe que geograficamente se situassem, estes países sempre se sentiram como parte de uma comunidade cultural, mantendo ligações muito chegadas e cooperando em áreas de âmbito muito vasto.

Não obstante, a criação formal da CPLP significou mais um passo em frente. E, julgo que também, um passo pleno de êxito, uma vez que proporcionou um quadro dentro do qual as relações existentes se podiam reforçar e desenvolver. Olhando para trás, julgo que se pode afirmar hoje que a CPLP provou o seu valor, teve êxito nos objectivos que se colocou, isto é, enquanto plataforma para a concertação político-diplomática; na cooperação, seja económica, social, cultural, jurídica ou técnico-científica; e na promoção da língua portuguesa. É certo que se poderia ter ido mais longe. Mas qualquer análise objectiva da evolução da CPLP deverá distinguir entre aquilo que são dificuldades da Comunidade e do seu processo de institucionalização e aprofundamento e as próprias insuficiências de Estados Membros que se confrontam ainda com os problemas derivados de conflitos anteriores de que saíram recentemente. E vale a pena notar que, mesmo perante situações de crise, a Comunidade não vacilou nem se pôs alguma vez em dúvida a vontade de os seus membros a integrarem e desenvolverem. Olhando em frente, podemos afirmar que a CPLP será ainda mais importante para fazer face, em conjunto, aos desafios de amanhã.

A solidariedade é um elemento chave da comunidade e assume particular importância cada vez que um dos seus membros entra em crise. Aconteceu no passado e acontece ainda hoje. Creio que nessas alturas a solidariedade e todas as acções da comunidade na assistência a um dos seus membros se revelam contribuições importantes para resolver a crise, ao mesmo tempo que servem para unir mais o conjunto.

Este trabalho de Luís Ferreira Lopes e de Octávio dos Santos, levado a cabo com o interesse de analista, mas também com a paixão de alguém que não esconde o seu compromisso com os valores da lusofonia, constitui um contributo de relevo para o conhecimento da génese e da evolução desse notável projecto que é a Comunidade dos Países de Língua Portuguesa.

Não posso deixar de acrescentar uma dimensão europeia a esta questão. Sempre tive um grande empenho na lusofonia e nas minhas anteriores funções estive também envolvido directamente na criação da CPLP, bem como na garantia de uma cooperação estreita entre os PALOP e a Comissão Europeia. Posso mudar de funções, mas não mudo as minhas convicções: reforçar e desenvolver a CPLP estará sempre perto do meu coração.

JOSÉ MANUEL DURÃO BARROSO
Presidente da Comissão Europeia

Introdução:

Descobrir os novos caminhos

Este livro não é, nem pretende ser, uma obra de carácter científico. Não é um estudo aprofundado sobre os temas que se propõe abordar. Não foi escrito «de um só fôlego» e a continuidade e interligação entre os diversos textos que o constituem poderá ser discutível – apesar de estarem colocados por ordem cronológica. O que não surpreenderá, visto que eles foram escritos em momentos diferentes e sob perspectivas diferentes.

Porém, as palavras que se seguem partilham as mesmas ideias essenciais, a mesma esperança inabalável, a mesma convicção: o de que Portugal só conseguirá verdadeiramente ultrapassar os seus problemas, tanto os ancestrais como os recentes, e alcançar plenamente a sua grandeza intrínseca, quando assumir como prioridade, de uma forma clara, a defesa e o engrandecimento da lusofonia, tentando congregar para essa missão o entusiasmo e a dedicação dos mais jovens.

As ideias e as propostas que a seguir se enunciam mantêm, assim o pensamos, alguma credibilidade e actualidade. É certo que algumas das premissas a seguir apresentadas podem ter-se tornado desactualizadas, alguns dos factos relatados podem ter sido ultrapassados. No entanto, tal não retira ou diminui, a nosso ver, a validade dos conceitos que aqui estão subjacentes. Há vinte anos muito poucos eram os que ousavam questionar as consequências da adesão de Portugal à Comunidade Europeia para lá dos milhões dos fundos comunitários; e que, além disso, insistiam mesmo que não era só na Europa que se poderia encontrar as respostas às nossas perguntas e as soluções para os nossos problemas. Umas e outras podem ser encontradas, quase sempre, através da língua portuguesa; e mesmo quando se trata de dificuldades aos níveis político e económico, invariavelmente elas podem reduzir-se, no essencial, a deficiências na comunicação. Um idioma – e o português não é excepção – comporta diversas facetas.

Este livro é, talvez, uma espécie de manifesto. Representa, antes de tudo, uma prova de fé na valia de vários povos e no destino de diversas nações hoje já (formalmente) reunidas na Comunidade dos Países de Língua Portuguesa – que neste ano de 2006 celebra, em 17 de Julho, 10 anos de existência. Que maior, mais forte prova pode haver da força de um idioma do que o facto de ser o elo que une oito nações, muitas comunidades disseminadas pelo Mundo, cerca de 200 milhões de pessoas?

«O bom êxito (dos portugueses) resultou justamente de não terem sabido, ou podido, manter a própria distinção com o mundo que vinham povoar. A sua fraqueza foi a sua força.»

SÉRGIO BUARQUE DE HOLANDA

Parte I

A construção de uma Comunidade

A Comunidade dos Países de Língua Portuguesa (CPLP) já tem uma década de existência e, desde a sua formação, continua aquém das expectativas dos Estados-membros relativamente à sua capacidade de acção como organização internacional. O projecto ambicioso da Comunidade lusófona teve uma evolução conturbada nestes dez anos, ao ponto de se ter dito e escrito que foi gerado um «nado-morto», mas as suas enormes potencialidades geo-económicas e políticas tornam a CPLP, inegavelmente, um interessante objecto de estudo social e político.

Vale a pena analisar, mesmo sinteticamente, o projecto inspirado pelo luso-tropicalismo; os confrontos político-diplomáticos entre Portugal e Brasil relativamente ao processo de descolonização das então províncias ultramarinas portuguesas em África e ao rumo da sempre adiada «Comunidade Lusíada»; o complexo processo de institucionalização, sobretudo na primeira metade dos anos 90; a evolução dos projectos que os Estados-membros esperavam, na primeira fase da vida da CPLP, ver desenvolvidos pela estrutura executiva desta jovem organização internacional e intercontinental. Em suma, não há aqui qualquer análise exaustiva e académica de uma década inteira de trabalho da CPLP, mas apenas a identificação dos principais problemas que desde a origem afectam esta Comunidade de «afectos, paixões e equívocos».

Existe (ainda) hoje a percepção de que a CPLP não está a servir as expectativas legítimas de cada país lusófono relativamente aos ganhos da sua participação nesta organização internacional, mas os países-membros deveriam ter consciência de que, se a comunidade servir apenas uma só parte, a Comunidade estará, à partida, condenada ao insucesso. No entanto, os problemas não são apenas internos. Há uma ameaça externa à CPLP a ter em conta: o eventual insucesso pode interessar a forças exteriores que, procurando defender e expandir os seus próprios interesses económicos e políticos, poderão fomentar a desunião entre os Estados-membros da Comunidade dos cerca de 200 milhões de cidadãos que em português comunicam e se (des)entendem.

1. O conturbado percurso histórico da CPLP

A Comunidade Lusófona (e *Lusógrafa*) sempre existiu no relacionamento dos povos, mesmo antes dos tratados realizados pelos Estados e apesar de desentendimentos vários que persistem ao nível das percepções culturais divergentes dos povos de língua oficial portuguesa. O sonho desta comunidade – inicialmente, apenas luso-brasileira e, mais tarde, alargada aos novos países africanos e a Timor-Leste – deve ser enquadrado na evolução do sistema internacional em vigor desde a Segunda Grande Guerra, porque só assim será possível compreender a sua evolução à luz de fenómenos como a eclosão das independências e a pressão dos países do «Terceiro Mundo», a descolonização, os interesses permanentes das grandes potências políticas e económicas em determinadas regiões (como, por exemplo, a África Austral), a constituição de blocos económicos regionais ou ainda a redução das barreiras comerciais promovida pela Organização Mundial do Comércio.

A ideia de uma «Comunidade Lusíada» nasce do sonho de pensadores como Agostinho da Silva ou Gilberto Freyre e seus herdeiros culturais. Da utopia este projecto passa a arma de política externa, utilizada quer por Portugal, quer pelo Brasil, em especial na questão do futuro das colónias portuguesas em África. De instrumento de pressão nas relações bilaterais passa a proposta de solução federalista para o adiado problema colonial, com António de Spínola ou Joaquim Barradas de Carvalho, embora a «Comunidade Luso-Afro-Brasileira» desenhada por este historiador contemple uma organização de Estados independentes, em termos absolutamente diferentes dos propostos pelo estratega militar. De qualquer modo, ambos terão sido «revolucionários» no modo como defenderam a ideia da associação dos povos de língua portuguesa, em vésperas do fim do regime ditatorial português.

Após a descolonização, passada a animosidade natural das ex-colónias para com a antiga potência colonial e renovado o clima de diálogo e o relacionamento de Portugal com os países africanos de língua oficial portuguesa (PALOP), através da fórmula «Cinco + Um», o projecto serviu, parcialmente, os interesses de política externa de todas as partes, inclusive do Brasil, país que reclama a paternidade do processo de institucionalização da CPLP.

Política e economicamente, em meados da década de 90, as condições eram favoráveis a todos os Estados-membros para a criação de uma organização internacional deste tipo, resultando a CPLP não apenas dos

A *construção de uma Comunidade* 9

interesses específicos dos Estados-membros (num determinado momento histórico de amadurecimento nas relações multilaterais e de maior pragmatismo nas estratégias de política externa de cada Estado lusófono), mas também de uma conjuntura favorável caracterizada pela formação de blocos económicos regionais, pela globalização das economias e por uma maior interdependência sistémica dos diversos blocos.

1.1. A proposta brasileira da Comunidade Lusíada, em 1950 e 1960, perante o colonialismo isolado do Estado Novo português

O projecto de uma Comunidade formada por Portugal e Brasil nasce nos anos 50 e é utilizado, inicialmente, pelo regime português como uma arma política no relacionamento de Lisboa com Brasília. A atitude brasileira na relação com Portugal, de 1950 a 1990, nunca foi coerente e dependeu frequentemente da predisposição ou do grau de simpatia dos seus líderes máximos para com Portugal, mas a exigência do Estado brasileiro era quase sempre a mesma: Portugal teria de resolver o problema das suas províncias ultramarinas e a ideia da Comunidade deveria ser objecto de referendo democrático, o que contrariava as intenções do Estado Novo na questão colonial.

A título de exemplo, vale a pena analisar, sumariamente e no período de 1960 a 1974, a posição brasileira perante a possibilidade de criação de uma Comunidade lusófona, para uma melhor compreensão dos constrangimentos das políticas externas brasileira e portuguesa relativamente a este projecto talvez utópico, mas de inquestionável e potencial relevância geo-estratégica, do «triângulo lusófono».

Em 1960, cinco anos depois de Portugal ter sido admitido como membro das Nações Unidas, o colonialismo português era alvo de fortes críticas no âmbito da ONU. Até então, o Brasil sempre defendera a posição portuguesa relativamente às chamadas províncias ultramarinas, em especial durante as presidências de Getúlio Vargas e de Juscelino Kubitschek, ao ponto de o representante brasileiro na ONU, Donatello Grieco, afirmar (em Janeiro de 1957) que «tocar em Portugal era tocar no Brasil.»[1] O sonho de uma comunidade luso-brasileira colhia inspira-

---

[1] Magalhães, José Calvet de, *Relance histórico das relações diplomáticas luso-brasileiras*, Lisboa, Quetzal Editores, 1997, pág. 72-3.

ção filosófica, sociológica e política na corrente de pensamento luso-
-tropicalista, em sociólogos ou filósofos como Gilberto Freyre, Agostinho da Silva ou ainda militares como o general Norton de Matos.

No entanto, já com Jânio Quadros na presidência, a posição brasileira sobre o colonialismo português sofreu uma profunda alteração,
basicamente por motivos económicos. Os produtores de café do estado
de São Paulo, de que Jânio Quadros havia sido governador, «debatiam-
-se com uma séria crise no mercado internacional em virtude da concorrência do café africano, incluindo o café de Angola. A recusa das autoridades portuguesas de aceitar uma proposta dos produtores brasileiros
para se associarem aos produtores de Angola aumentou a animosidade
dos cafeeiros do Brasil à política ultramarina portuguesa. Além da defesa
dos interesses dos cafeeiros, Jânio Quadros era movido por concepções
políticas esquerdistas, preconizando o restabelecimento das relações com
a União Soviética e o apoio ao regime de Fidel Castro».[2]

O Brasil passa então a colocar-se ao lado das críticas ao colonialismo português produzidas pelos países do «Terceiro Mundo», porque
as novas orientações da sua política externa apontavam para um papel de
relevo no relacionamento com as regiões afro-asiáticas, nomeadamente
com os países membros do Movimento dos Não-Alinhados. Mesmo sob
a liderança de João Goulart, sucessor de Quadros em 1961, o Brasil
manteve a sua posição de apoio à independência das colónias portuguesas em África, por motivos éticos e económicos, como sublinhou o então
embaixador brasileiro na ONU. Afonso Arinos afirmou, em 15 de Janeiro
de 1962, na XVI Assembleia Geral das Nações Unidas, que o seu país
pretendia manter os laços históricos de amizade com Portugal mas defendia, também, uma política anti-colonialista. Arinos recordou o pensamento reformador do século XVII do padre jesuíta António Vieira, defendeu a autodeterminação de Angola, numa solução pacífica, e deixou
claro que o «Brasil não só se mantém fiel à sua história de antiga colónia
e aos seus ideais de nação livre e democrática como cumpre o compromisso sagrado que assumiu ao assinar a Carta de São Francisco e ao
votar a favor das resoluções das Nações Unidas relativas à eliminação do
colonialismo em todo o mundo».[3]

A reacção do Governo português, através do ministro dos Negócios
Estrangeiros, Franco Nogueira, passou pela proposta de criação de uma

---

[2] MAGALHÃES, José Calvet de, *ibid.*, pág. 73-4.
[3] *Idem*, pág. 75-6.

Comunidade Luso-Brasileira, que teria vantagens económicas e políticas para o Brasil. As autoridades e a opinião pública brasileiras insistiram na resolução do problema colonial, lembrando que Portugal estava isolado perante a «hostilidade simultânea do bloco socialista, do bloco democrático e do bloco neutralista», propuseram a realização de um referendo junto das populações africanas e admitiram que, se a decisão das populações fosse favorável à formalização dessa Comunidade, as colónias portuguesas em África poderiam integrá-la «sem se falar em Estados soberanos», desde que lhes fosse concedida entretanto maior autonomia.[4]

Brasília sugeriu a Lisboa, no Verão de 1962, a adopção de um calendário para a concessão de autonomia às colónias africanas e, em troca, oferecia a abstenção do voto brasileiro na ONU e ainda a pressão junto dos Estados Unidos no sentido de uma maior compreensão de Washington para com a posição portuguesa. Oliveira Salazar recusou essa proposta e, em 31 de Julho de 1963, o Brasil votou favoravelmente um projecto de resolução do Conselho de Segurança da ONU que pressionava Portugal a conceder imediatamente a independência das colónias africanas, apesar da abstenção da Grã-Bretanha, França e dos próprios Estados Unidos.

O novo regime brasileiro, saído do golpe militar de 31 de Março de 1964, e liderado pelo marechal Castello Branco, manteve a mesma atitude de oposição à política colonial do Estado Novo, mas recuperou a ideia de criação da Comunidade, com um papel especial atribuído às então províncias ultramarinas portuguesas, num discurso proferido pelo Presidente brasileiro em 31 de Julho de 1964: «Talvez a solução residisse na formação gradual de uma Comunidade Luso-Afro-Brasileira, em que a presença brasileira fortificasse economicamente o sistema. Qualquer política realista de descolonização não pode desconhecer nem o problema específico de Portugal, nem os perigos de um desengajamento prematuro do Ocidente».[5]

O Presidente Castello Branco sugeriu claramente a autonomia das colónias, advertindo que «a concessão da independência, sem a transição da autonomia, exporia aqueles territórios às catástrofes análogas às do Congo. (...) Não se trata, para Angola e Moçambique ou a Guiné Portuguesa, de dar as costas ao velho colonizador depois da independência.

---

[4] *Idem*, pág. 76-7.
[5] *Idem*, pág. 78-9.

Trata-se, positivamente, para essas terras africanas, do princípio de sua autodeterminação, uma vez reconhecida, de negociar com Portugal, a antiga metrópole, novas relações de amizade, direi mesmo de fraternidade. Por que não criarmos então uma comunidade luso-afro-brasileira, a exemplo da Commonwealth?»[6]

O Governo português admitiu uma progressiva participação em todos os domínios por parte das populações de todo o território nacional, inclusive o ultramarino, mas manteve-se irredutível até à queda do regime, em Abril de 1974, apesar das renovadas promessas de autonomização das colónias no consulado de Marcello Caetano. Em Novembro de 1967, o Jornal do Brasil, em editorial, criticava ainda a posição portuguesa, espelhando o sentimento vivido no Brasil relativamente a essa Comunidade: «Esperemos que Portugal sacuda os seus sonhos vitorianos de domínio ultramarino e construa em bases definitivas de uma associação, em pé de igualdade, entre Nações soberanas e independentes, com as suas actuais colónias. De uma comunidade desse tipo, digna das generosas tradições da alma lusíada, o Brasil estaria orgulhoso de participar».[7]

Já no início dos anos 70, as autoridades brasileiras procuraram servir de mediadoras entre Portugal e os territórios africanos colonizados, alterando a sua postura de intransigência para com o colonialismo português (apesar de incoerências várias de um duplo discurso do Palácio do Itamaraty e do Ministério da Fazenda) e fomentando as trocas comerciais e os investimentos com Portugal e as colónias africanas. As profundas divisões existentes na opinião pública e no próprio Governo brasileiro, quanto à posição a tomar perante a eventual criação da Comunidade mesmo sem a independência das colónias africanas, foram expostas de modo claro por Roberto Campos, ex-ministro brasileiro do Planeamento Económico, num texto publicado no jornal O Globo, em 08/03/72, e intitulado «As falsas angústias», cuja actualidade do conteúdo nos impressiona.

«Num contexto mundial mais amplo, parece obsoleto, nesta idade de acomodações ideológicas, em que os Estados Unidos sacrificam vetustos preceitos e preconceitos para comerciar com a China, deixar que a nossa política anti-colonialista dificulte uma acomodação comercial com Portugal e as suas colónias africanas. Agora que a zona europeia de

---

[6] SÁ-MACHADO, Manuel de, *Para uma comunidade luso-brasileira*, Lisboa, Sociedade de Geografia de Lisboa, 1973, pág. 19.

[7] SÁ-MACHADO, Manuel de, *ibid*, pág. 20.

A *construção de uma Comunidade* · 13

livre comércio tende a ser absorvida no Mercado Comum e agora que a Petrobrás, com vários anos de atraso e várias oportunidades perdidas, foi legalmente autorizada a participar associativamente de exploração de petróleo no exterior, nada mais racional do que buscarmos concessões exploráveis no Golfo de Cabinda. É falsa angústia deixarmos de explorar relações comerciais mais intensas com Portugal e a África do Sul para reafirmar a pureza dos nossos princípios. É falsa angústia preocuparmo-nos com a liderança do Terceiro Mundo quando nossa dinâmica de desenvolvimento encerra receitas de riqueza, enquanto o Terceiro Mundo se especializa em codificar os preconceitos da pobreza»[8]

As imagens distorcidas recíprocas, fomentadas pela (crónica) escassa informação e pela «falta de contacto» cultural (como chegou a afirmar o grande homem de cultura brasileiro Darcy Ribeiro, citado no espantoso livro prospectivo e visionário escrito em 1973 pelo diplomata português Manuel de Sá-Machado), a obstinação do regime do Estado Novo na manutenção do estatuto jurídico das colónias africanas, e ainda o conflito de interesses políticos e geo-estratégicos entre Lisboa e Brasília, nunca permitiram o avanço do projecto da Comunidade, a dois ou mesmo a sete.

Além disso, como sublinhou o diplomata Sá-Machado, «(...) os Estados Unidos teriam ficado preocupados com a possibilidade de se ter avançado no caminho da concretização da Comunidade Luso-Brasileira. A mesma preocupação surgira já em 1967, quando da visita da esquadra brasileira a Angola, em que vários países ocidentais se mostraram extremamente curiosos e sensíveis, querendo saber se este gesto significaria o início da concretização de um pacto do Atlântico Sul entre o Brasil, Portugal e a África do Sul. Às hesitações e receios dos meios políticos vem juntar-se a acção de países ditos amigos no sentido de contrariar a marcha no caminho de uma Comunidade efectiva. Entretanto, ao longo do tempo, com o desenvolvimento da ideia da Comunidade e com as cada vez mais evidentes vantagens recíprocas de ordem económica, comercial e estratégica, a posição de intransigência dos círculos diplomáticos tenderá a ficar pouco a pouco mais isolada no âmbito da decisão do Governo e na própria opinião pública brasileira melhor esclarecida».[9]

Em vésperas da revolução de 1974, Portugal mantinha o seu interesse na criação de tal Comunidade, conforme o prova o discurso do então Presidente do Conselho, Marcello Caetano, em Setembro de 1972: «Estamos

---

[8] *Idem*, pág. 45-6.
[9] *Idem*, pág. 84.

a menos de trinta anos do século XXI e cumpre-nos encarar resolutamente os tempos vindouros. A Comunidade Luso-Brasileira pode ser um agente activo da história do mundo se quisermos que o seja. Digo *agente da história* – e para isso importa não acreditar na fatalidade que condena os povos a destinos inexoráveis nem deixar-se arrastar por correntes dominantes onde, sob o disfarce dos ideais, preponderam os interesses, mas procurar resolutamente rumos próprios e segui-los com inabalável firmeza de vontade».[10] Este era o discurso de Estado em vésperas da queda do regime, mas a realidade era algo diferente das ambições da Comunidade como «agente da história».

Na curiosa análise de Sá-Machado, Portugal debatia-se com duas dificuldades, em 1973, para concretizar o projecto da Comunidade: «as que provêm da falta de entusiasmo e de fé tradicional do Brasil e as que provêm dos nossos erros passados quanto à maneira paternalista de olhar o Brasil e às nossas reservas quanto a interessar realmente o Brasil na Comunidade. E, na realidade, a consolidação de cada etapa exige um esforço nosso permanente – pois de outro modo tudo se pode perder.»[11] Com os ventos da História, se o esforço não se perdeu, foram pelo menos precisas duas décadas para concretizar a utopia, numa conjuntura política completamente diferente.

Apesar da forte desconfiança do Ministério brasileiro das Relações Exteriores para com o Governo português e a sua inalterada política colonial, no consulado marcelista registou-se uma aproximação de Portugal e Brasil em termos empresariais e de ministérios económicos e financeiros (em 1971, os dois Governos anunciaram a instalação de alfandegados gerais luso-brasileiros em Lisboa, Luanda e Lourenço Marques, a abertura de bancos brasileiros em Portugal e portugueses no Brasil, entrada facilitada de produtos portugueses no Brasil, revisão das tarifas de frete e ampliação das linhas de navegação entre os portos portugueses e brasileiros, por exemplo) e houve uma certa abertura de sectores políticos brasileiros perante as propostas portuguesas.

Com a revolução, em Portugal, de 25 de Abril de 1974, o Brasil pretendeu exercer uma posição de mediação no processo de descolonização, mas o novo poder político e militar português não demonstrou qualquer interesse pelos bons ofícios do Brasil, que foi o primeiro país a reconhecer a independência, por exemplo, da Guiné-Bissau e de Angola.

---

[10] *Idem*, pág. 94.
[11] *Idem*, pág. 98.

A 9 de Junho de 1974, o Brasil não escondia o seu desapontamento numa nota enviada à OUA: «O Governo brasileiro não aspira a exercer mediação e, por isso, não a oferece; está contudo preparado para prestar toda a colaboração que lhe seja solicitada pelas partes interessadas, às quais o Brasil se sente ligado pela história, pela raça e pela cultura».[12] O novo regime português manteve o desinteresse pela mediação brasileira.

1.2. As visões de António de Spínola e Barradas de Carvalho, poucas semanas antes da Revolução de 25 de Abril de 1974

Na véspera de viragem do regime político em Portugal e perante a procura (quase desesperada) de uma solução política pacífica para o problema colonial, Joaquim Barradas de Carvalho e António de Spínola publicaram duas obras que a viragem histórica de 1974 se encarregou de tornar meros símbolos de um tempo que passou e já não aconteceu. «Rumo de Portugal» e «Portugal e o Futuro» valem também pela força do seu conteúdo, no que respeita à ideia da Comunidade Lusófona.

Num texto escrito entre 23 de Março e 9 de Abril de 1974, Joaquim Barradas de Carvalho traçava este curioso cenário: «Se rumar para a Europa – esta Europa tão do agrado dos tecnocratas – Portugal perderá a independência de novo, chegará a mais curto ou a mais longo prazo à situação de 1580. Na Europa do Mercado Comum e numa futura, hipotética, Europa política, a economia dos grandes espaços forjará uma Península Ibérica unificada e seguramente com a capital económica em Madrid, que de capital económica se transformará, a mais curto ou longo prazo, em capital política. Ora este seria um resultado *contra natureza*, na medida em que nunca existiu, nem existe, uma unidade de civilização na Península Ibérica (...). Assim, perante a encruzilhada, a Europa ou o Atlântico, pronunciamo-nos pelo Atlântico, como *única condição* para que Portugal reencontre a sua individualidade, a sua especificidade, a sua genuinidade, medieva e renascentista. Ora esta opção passa forçosamente pela formação de uma *autêntica* Comunidade Luso-Brasileira (...). Esta *autêntica* Comunidade Luso-Brasileira poderá vir a estender-se à África, poderá vir a transformar-se numa Comunidade Luso-Afro-Brasileira, se um dia os legítimos representantes dos povos de Angola, Guiné e Moçambique assim o entenderem, assim o decidirem. (...) Nela todas as

---

[12] *Idem*, pág. 93.

partes se reencontrariam na mais genuína individualidade linguística e civilizacional. *É esta a condição para que Portugal volte a ser ele próprio.*»[13]

Publicada em Março de 1974, a mensagem de António Spínola em «Portugal e o Futuro» baseava-se também no projecto da Comunidade Luso-Afro-Brasileira como solução derradeira para o Portugal saído do colonialismo e do isolamento político internacional, embora através de uma solução de federação e reconhecendo o risco da desagregação territorial e política desta opção. «Encontramo-nos, deste modo, num mundo que se nos vai fechando. E, todavia, ocupamos uma posição ímpar que nos fornece excelente base para reassumir o papel de nação próspera e privilegiada aos olhos dos outros e aos nossos próprios. Recordamos a fase lapidar de Toynbee ao afirmar que Portugal foi o primeiro Império colonial, hoje é o último, e talvez seja o primeiro de uma nova era. Talvez o possa, de facto, vir a ser, embora não na acepção de Império ao velho estilo dos que sonham com o passado e para quem não existe presente nem interessa o futuro; mas antes na acepção de uma nova era em que, de propósitos honestos e na pureza dos ideais com que combatemos os imperialismos que nos tentam submergir, saibamos adoptar soluções coerentes e não nos limitemos a defender conceitos que já ninguém aceita e em que os próprios portugueses começam também a não acreditar».[14]

Spínola defendia a autonomia progressiva das colónias africanas, admitindo o reconhecimento da sua independência, desde que integradas num «Estado plurinacional», beneficiando de uma verdadeira desconcentração e descentralização de poderes em toda a chamada «Comunidade Lusíada». No entanto, sublinha, tal só poderia acontecer se existisse «plena igualdade dos seus elementos constitutivos».[15] «Teremos resolvido o problema ultramarino quando oferecermos aos nossos africanos uma Pátria autêntica, que sintam verdadeiramente sua e onde ao mesmo tempo possam continuar a orgulhar-se de serem africanos».[16]

Como que prevendo os acontecimentos que ocorreram a partir de Abril de 1974, o velho estratega militar pergunta: «Correm-se riscos

---

[13] CARVALHO, Joaquim Barradas de, *Rumo de Portugal. A Europa ou o Atlântico?*, Lisboa, Livros Horizonte, Col. Horizonte, 2.ª ed., 1982, pág. 64-7.

[14] SPÍNOLA, António de, *Portugal e o Futuro*, Lisboa, Arcádia, 3.ª ed., Março de 1974, pág. 96.

[15] SPÍNOLA, António de, *ibid.*, pág. 158-9.

[16] *Idem*, pág. 162-3.

A *construção de uma Comunidade*   17

sérios nesta linha de soluções? Talvez. Podemos ser ultrapassados pelos acontecimentos e perder-lhes o controlo? Não negamos; mas o que é um facto é que se tal suceder será por menos capacidade nossa para nos não deixarmos ultrapassar, e então apenas teremos que nos censurar por essa incapacidade. (...) Mas, ainda que todos estes riscos fossem bem mais gravosos, qual a alternativa? Decididamente não vemos outra, pois, pela via mal disfarçada da hegemonia de uma parcela, apenas nos espera a desagregação pela via revolucionária com o auxílio externo, a maior ou menor prazo, com a certeza dos riscos que agora se pretendem evitar: corte de todos os laços com a cultura lusíada, ruína dos que ali construí-ram as suas vidas, inutilidade de tantos e tão pesados sacrifícios de vidas e bens. (...) Na ordem externa, caminhamos para o isolamento total, apenas se levantando em nossa defesa vozes ténues, isoladas e inexpres-sivas; e até os poucos amigos são tíbios no seu apoio. Deixámo-nos atrasar na corrida pela África, onde estamos implantados com mais soli-dez do que outros, mas de onde um dia seremos sacudidos, se nos mantivermos surdos ao fenómeno africano?»[17]

1.3. A recuperação da ideia da Comunidade lusófona, de 1980 até meados da década de 90

No final do regime ditatorial, depois da utopia dos pensadores luso-tropicalistas, o projecto da Comunidade era a solução derradeira e quase milagrosa para Portugal. A revolução de 25 de Abril de 1974 e a insti-tucionalização do sistema democrático em Portugal; o processo de des-colonização; o longo período de frieza traumática na relação entre Lis-boa e os novos países africanos que mantiveram a língua portuguesa como expressão oficial e como instrumento de unidade nacional; a ade-são de Portugal à Comunidade Económica Europeia; o processo de democratização do Brasil; o fim da influência soviética nas ex-colónias africanas; o tempo que passou... permitiram que, já em meados da década de 80, o projecto da comunidade de países que em português comunicam pudesse ser encarado como uma hipótese com potencialidades de viabilização, desde que afastada qualquer tentação hegemónica dos Esta-dos politicamente mais poderosos e ultrapassado o sonho federalista. Isso aconteceu, primeiro, através ainda do habitual «lirismo» dos discur-

---

[17] *Idem*, pág. 174, 177, 240.

sos políticos sobre a cultura comum; depois, através de um espírito de abertura (ou menor desconfiança) e certamente de um maior pragmatismo nas relações Estado a Estado.

Apesar de ter escapado à «teoria da vacina», preconizada por Henry Kissinger como forma de «curar» o Portugal da Revolução de 1974 (com a economia estatizada e controlada pelo sistema soviético, logo potencialmente arruinada), o certo é que a situação económica e financeira portuguesa nos primeiros anos da década de 80 era grave, pelo que se impunha corrigir urgentemente os desequilíbrios macro-económicos através de apoio externo, uma vez que os recursos do país se encontravam praticamente esgotados e as finanças públicas sobreviviam, sobretudo, devido aos empréstimos internacionais.

Com a adesão formal de Portugal à CEE, a 1 de Janeiro de 1986, os principais partidos políticos no poder encontraram um meio eficaz, não só de assegurar a democracia e de isolar o Partido Comunista Português numa reduzida expressão eleitoral, como também de obter maiores apoios financeiros e económicos externos com garantia de sustentabilidade. A política interna era, de novo, condicionada pela opção externa porque essa era encarada como a única e talvez a última hipótese de Portugal recuperar atrasos económicos evidentes e conquistar algum protagonismo político a nível internacional.

As opções estratégicas (via atlântica/via continental europeia) invertiam-se ao fim de meio milénio e o relacionamento político e económico português com a Alemanha e a Espanha passou a assumir importância crescente. Portugal reduziu a dependência política da velha «aliança de conveniência» com a Grã-Bretanha, país pouco empenhado na construção europeia e na solidariedade com as regiões menos desenvolvidas da Europa comunitária, e tornou-se então receptor de fundos estruturais (regionais e de coesão) para imprimir reformas de fundo na sociedade e para recuperar a sua economia debilitada.

Assegurado um quadro político estável, seria possível relançar, em novos moldes, a política externa portuguesa para outros espaços onde ainda detinha alguma influência, em virtude da partilha da língua e de «cumplicidades» várias com os países africanos lusófonos e o Brasil, de modo a reduzir a nova dependência do mercado europeu e aumentar o prestígio internacional na Europa, nos Estados Unidos da América ou nas Nações Unidas, devido à sua «experiência africana» que permite a Portugal fazer a diferença comparativamente a outros Estados europeus, apesar das poderosas influências francesa e britânica em África.

1.3.1. A viragem simbólica do discurso português para a ideia da CPLP, com Mário Soares e Jaime Gama

Se analisarmos o período 1983-96 pela perspectiva portuguesa relativamente ao processo de criação da CPLP, destacamos que, em Junho de 1983, o Governo de coligação PS-PSD definiu duas prioridades da política externa portuguesa: a adesão às Comunidades Europeias e o reforço das relações de cooperação com os PALOP e o Brasil. No parlamento português, o então ministro dos Negócios Estrangeiros, Jaime Gama, defendeu: «Quanto aos primeiros, trata-se de prosseguir, intensificar ou melhorar um relacionamento que tem raízes profundas, fazendo-o na base do respeito mútuo e do interesse recíproco. Quanto ao segundo, pretende-se contribuir para o reforço da comunidade luso-brasileira, nomeadamente através da presença cultural portuguesa naquele país irmão. A defesa da língua comum será um dos pontos a privilegiar nos contactos com um e outros».[18]

O período que esboça algum desanuviamento da tensão existente nas relações entre Portugal e cada um dos países africanos lusófonos poderia, simbolicamente, ser ilustrado no discurso de Jaime Gama, proferido num almoço oferecido aos embaixadores africanos de expressão portuguesa em 24 de Junho de 1983. «Não sendo uma grande ou uma média potência, mas uma pequena nação democrática, honrada e digna, e recusando agir sem ser em seu próprio nome e apenas por si, Portugal deseja desenvolver os laços de cooperação com África e muito em particular com os vossos países. Está consciente de que o pode e deve fazer num plano de amizade franca e de igualdade absoluta e não numa lógica de hegemonia ou de pressão, e que será capaz de respeitar em absoluto o carácter descentralizado e policêntrico de qualquer relacionamento internacional norteado por valores de equilíbrio e de interesse recíproco. A nossa economia não permite a cooperação dissipadora na abundância, mas possibilita a complementaridade desejável na eficácia. Pode-se ser mais franco e mais confiante e é-se seguramente mais livre com os mais pequenos e entre os menos poderosos, que sabem compreender a nossa individualidade, a nossa história e os nossos projectos. Portugal fará, por isso, tudo o que estiver ao seu alcance para intensificar a

---

[18] GAMA, Jaime, «Os grandes objectivos da Política Externa portuguesa», in *Política Externa Portuguesa 1983-1985*, Lisboa, Ministério dos Negócios Estrangeiros, Biblioteca Diplomática, Série C, Setembro de 1985, pág. 12.

cooperação construtiva em relação às tarefas de desenvolvimento dos vossos países».[19]

Trata-se de uma estratégia de *aproximação suave* da antiga potência colonial às suas antigas «províncias ultramarinas», dado os traumas do colonialismo ainda latentes em 1983 e o clima de tensão vivido entre Lisboa e os PALOP, de 1974 até sensivelmente este período, o que não é aqui objecto de análise, uma vez que implicaria uma investigação muito mais profunda. O então responsável pela política externa portuguesa afirmava, em Março de 1985, que a «política de activa cooperação» com os PALOP deveria ser incrementada no futuro. «O processo de aproximação não está porém concluído, pelo que as perspectivas futuras são as de um relacionamento ainda mais íntimo e mutuamente vantajoso».[20]

Relativamente a uma renovada Comunidade dos países de língua portuguesa, Jaime Gama defendia claramente uma *diplomacia dos pequenos passos* na construção de uma organização tricontinental com projecção na cena internacional, como resultado do fomento das relações culturais proporcionadas pela língua comum, das trocas comerciais e de acções diplomáticas concertadas como, por exemplo, a aprovação em conjunto do texto da Convenção das Nações Unidas sobre o Direito do Mar. Já anteriormente, em 15 de Novembro de 1983, o ministro português dos Negócios Estrangeiros havia relançado, em Cabo Verde, a ideia da Comunidade Lusófona, em novos moldes, diferentes, obviamente, dos desenhados antes de 1974, de modo a estender a cooperação com os PALOP e o Brasil «a campos mais vastos». «(...) O processo mais adequado para tornar consistente e descentralizar o diálogo tricontinental dos sete países de língua portuguesa espalhados por África, Europa e América, seria realizar cimeiras rotativas bienais de Chefes de Estado, de Governo, promover encontros anuais de ministros de Negócios Estrangeiros, efectivar consultas políticas frequentes entre directores políticos de Ministérios de Negócios Estrangeiros e encontros regulares de representantes na ONU ou em outras organizações internacionais, bem como avançar com a constituição de um grupo de língua portuguesa no seio da União Interparlamentar. No caso de se entender adequada a constituição de um Secretariado permanente para gerir esta dinâmica das nações de língua portuguesa, Cabo Verde seria o país ideal para a respectiva localização, dado a sua situação geográfica, o processo multi-cultural da sua

---

[19] GAMA, Jaime, *ibid.*, pág. 17-8.
[20] *Idem*, pág. 178.

A construção de uma Comunidade 21

formação nacional e o carácter efectivamente não-alinhado da sua política externa. O reforço internacional do factor língua portuguesa, hoje conscientemente assumido pelos nossos países, será um elemento altamente vantajoso para afirmar a presença e a acção dos nossos países, seja em África, na América e na Europa, espaços regionais em que nos inserimos, seja no mundo em geral, onde não podemos esquecer a dimensão de milhões de seres humanos que falam português».[21]

1.3.2. O contributo do pragmatismo de Cavaco Silva e Durão Barroso na cooperação africana para a criação da CPLP

O discurso do responsável pela diplomacia portuguesa entre 1983--85 ilustra bem o momento de viragem que se dá neste período nas relações de Lisboa com os países africanos lusófonos, mas é, sobretudo, durante os Governos de Aníbal Cavaco Silva que o projecto da Comunidade e, especialmente, a cooperação com os PALOP conhecem um impulso evidente, resultante de um contexto político menos problemático e de uma visão política mais pragmática das relações institucionais, económicas e culturais entre os Estados africanos lusófonos e Portugal, quer por parte do executivo português, quer por parte da maioria dos Governos africanos, entre 1985 e 1995, em especial desde que estes países enveredaram pelo processo político democrático (não totalmente concretizado nalguns casos) e pelo abandono do proteccionismo político e ideológico soviético.

A estratégia dos Governos de Cavaco Silva baseou-se numa atitude de diálogo e na coerência de princípios praticada unicamente no relacionamento Estado a Estado, procurando afastar percepções erradas, provocadas ou alimentadas pelas divergências ideológicas e político-partidárias que, até então, marcavam – mais nuns casos do que noutros – as relações entre Portugal e alguns dos países africanos lusófonos. A partir de 1985, a cooperação foi, de facto, reestruturada para se assumir como «uma política de interesse nacional e de longo prazo». Quando, dez anos depois, estavam já criadas condições políticas e até psicossociológicas para a institucionalização da CPLP, era possível olhar para trás e sentir que se tinha atravessado «um processo longo e conturbado», nas palavras do então ministro dos Negócios Estrangeiros, Durão Barroso. «Chegarmos

---

[21] *Idem*, pág. 50-1.

onde já chegámos requereu todo um trabalho persistente e, às vezes, mal compreendido, para desfazer crispações, criar confiança, ultrapassar tentativas de apropriação político-ideológica de relações que só podem ser verdadeiramente profícuas se respeitarem as diferentes identidades dos Estados envolvidos, e se se mantiverem acima de querelas estéreis e de interesses particulares».[22] Intensificaram-se os encontros entre governantes, ao mais alto nível, e também entre técnicos ministeriais de Portugal e dos «Cinco», considerados pelo Governo português como «grupo regional» desde Janeiro de 1988 (no âmbito da revisão da Convenção de Lomé III), dada a complementaridade linguística, cultural ou económica, apesar da descontinuidade geográfica. Portugal utiliza então a sua qualidade de Estado-membro da Comunidade Europeia para defender os interesses dos países africanos lusófonos, que passam a ter maior acesso ao financiamento europeu dos seus projectos (através do FED, por exemplo), o que permite relançar a confiança dos PALOP em Portugal. Paralelamente, o Governo português reconheceu o Governo MPLA como Governo legítimo angolano para conquistar a confiança dos governantes de facto de Angola, dado que o executivo português, contra pressões internas de diversa ordem, desvalorizou o rótulo ideológico, apesar de a UNITA representar o maior grupo étnico; além disso, seria previsível que a UNITA viesse a perder, a curto ou médio prazo, força política e sustentação económica com a queda do regime sul-africano do *apartheid.*

Em 23 e 24 de Novembro de 1990 foi institucionalizada a fórmula «5 + 1», o que ilustra o clima de «cumplicidade» e de «confiança mútua» que se gerou entre os responsáveis políticos dos Estados africanos lusófonos e Portugal, segundo o testemunho do então ministro português dos Negócios Estrangeiros.[23] Esta concertação de interesses permitiu evidenciar que a política de cooperação portuguesa – horizontal e orientada para o relacionamento intersectorial das administrações portuguesa e africanas – era claramente diferente, por exemplo, da francesa, não apenas devido à disparidade de recursos financeiros disponíveis, mas essencialmente porque não se regia por tentações neocolonialistas na cultura ou na economia (caso da petrolífera ELF Aquitaine, que manteve relações complexas e ainda não totalmente explicadas oficialmente com

---

[22] BARROSO, José Manuel Durão, *Portugal - Dez anos de Política de Cooperação*, Lisboa, Ministério dos Negócios Estrangeiros, Setembro de 1995, pág. VII-VIII.

[23] BARROSO, José Manuel Durão, *ibid.*, pág. XI.

as ex-autoridades de países como o Congo e o Zaire), nem por outras atitudes de ingerência política nos Estados africanos.

Criado o Fundo para a Cooperação Económica, em 1991, que traduz o interesse português em praticar cooperação com os «Cinco» mais em acções concretas e menos nos discursos, e criadas as condições políticas para o entendimento comum, foi possível aos executores da política externa portuguesa apostarem numa estratégia de promoção e difusão da língua portuguesa como base de sustentação de um projecto mais vasto: a criação de uma Comunidade, não de povos, mas de países que falam e escrevem em português. «Porque entendemos que a língua partilhada é factor de coesão interna nacional de todos os países que a utilizam e também de fundamento da identidade cultural específica de cada um em termos internacionais, aderimos com entusiasmo à iniciativa – impulsionada pelo Brasil – de formalizar a institucionalização da Comunidade dos Países de Língua Portuguesa. Também aqui encetamos uma cooperação inovadora entre sete países soberanos, situados em três continentes, unidos por uma experiência singular, animados por propósitos comuns, e com ramificações noutras comunidades lusófonas que, em função de razões históricas, políticas ou económicas, se espalharam por outros pontos do Globo».[24]

Portugal procurava, no início da década de 90, alargar e cimentar a sua zona de influência política, económica e cultural aos PALOP e mercados vizinhos no continente africano, de forma a «fazer valer» essa sua *capacidade de acção* junto da comunidade internacional, em especial perante a União Europeia e os Estados Unidos. Simultaneamente, Portugal «oferecia-se» aos PALOP e ao Brasil como plataforma privilegiada para a entrada no mercado europeu e como parceiro com peso político na Europa para influenciar a política internacional europeia relativamente à África a Sul do Saara e ao Mercosul, nomeadamente no que respeita, por exemplo, à ajuda para o desenvolvimento ao Sul e à canalização de apoios financeiros para o investimento industrial privado em África.

Por outro lado, Portugal utilizaria a sua língua – partilhada livremente com a maioria da população de outros seis países, num total próximo dos 200 milhões de falantes – como arma da sua estratégia primordial de política externa: «afirmar Portugal no mundo», através da

---

[24] *Idem*, pág. XIII.

cooperação cultural, política e económica. No entanto, no processo de criação da CPLP, Portugal optou deliberada e intencionalmente por não assumir a liderança directa e activa do projecto, alegadamente, para «não ferir as susceptibilidades» dos países africanos que ainda se mostravam relutantes na concretização do projecto, devido aos traumas do colonialismo e das relações políticas complexas com Portugal no período pós--1974 e também devido aos receios de uma eventual postura neo-colonial de Lisboa.

Terá sido esse o motivo que levou Durão Barroso, então ministro português dos Negócios Estrangeiros, a rejeitar a ideia inicial do Brasil de formalização de uma Comunidade de Povos Lusófonos – o que, obviamente, desagradaria a Estados como Angola ou Moçambique que, pela sua pluralidade étnica e linguística própria, não se reviam como povos de expressão ou de língua portuguesa. Por exemplo, Moçambique (tal como outros PALOP) utiliza a língua portuguesa como instrumento de trabalho e de relacionamento político e, sobretudo, como elemento unificador da sua diversidade linguística de raízes tribais. No caso moçambicano, as línguas banto são faladas por oito grupos étnicos distintos, sendo quatro as línguas de maior expressão: macua, tsonga, nyanja e chona.

Portugal procurou não hostilizar também o Brasil, cuja liderança diplomática articulava, na altura, uma estratégia de reaproximação à África lusófona e não mostrava agrado por uma eventual liderança portuguesa do projecto, por motivos mais idealistas do que pragmáticos. De qualquer modo, a visita oficial do Primeiro-Ministro português ao Brasil, em Maio de 1991, já havia aberto as portas para um maior pragmatismo no relacionamento bilateral, nomeadamente através do Acordo Quadro de Cooperação entre Portugal e o Brasil, que previa a intensificação de visitas e encontros dos dirigentes máximos dos dois países para revitalizarem o diálogo político, bem como a realização de cimeiras anuais dos Chefes dos dois Governos e de encontros regulares entre os responsáveis da política externa de ambos os Estados.

A política externa do Brasil encontrava-se dividida (como quase sempre, na sua história recente) em duas orientações estratégicas ou sensibilidades políticas: a corrente mais pragmática – que encara o seu país como uma grande potência regional e até mundial e que, como tal, não necessita propriamente de Portugal ou da plataforma internacional da CPLP para entrar nos mercados europeu ou africano; e a corrente mais idealista, inspirada pelas velhas teses luso-tropicalistas – que demonstra um alegado interesse pela lusofonia e pela prática cultural de raiz portuguesa e encara o projecto da CPLP como a concretização de um sonho pessoal, nomeadamente do Embaixador José Aparecido de Oliveira, e até de uma geração ou corrente de pensamento, onde poderíamos encontrar também, na prossecução deste ideal comum, portugueses e brasileiros como Mário Soares, Itamar Franco, Adriano Moreira ou Darcy Ribeiro. Estas divisões profundas do interesse estratégico brasileiro pela CPLP acabaram por deixar marcas tanto no processo de criação da Comunidade como na actual execução do programa da CPLP.

Por seu lado, os «Cinco» africanos mostravam-se interessados na criação de uma Comunidade – desde que assegurada a participação em plano de igualdade com Portugal e Brasil – basicamente para ampliarem o seu grau de projecção e influência internacional e para aumentarem as probabilidades de angariação de maiores recursos financeiros dos países desenvolvidos e de investimento directo estrangeiro, público ou privado, no seu país. Países pequenos e com economias débeis como Guiné-Bissau, Cabo Verde ou São Tomé e Príncipe só teriam a ganhar com uma maior participação na cena internacional. Moçambique terá sido o país mais entusiasta pelo projecto da CPLP, porque precisava de diversificar dependências externas, dada a proximidade e a influência tentacular da África do Sul, bem como a sua política de relações diplomáticas e económicas com vários países influentes e blocos político-económicos do mundo, como a Commonwealth, os Estados Unidos, a Indonésia e outros países asiáticos.

Angola talvez fosse o país que menos necessitaria da CPLP e até preferiria o adiamento da sua institucionalização, devido à sua potencial auto-suficiência económica e energética, ao seu «pragmático» relacionamento político e económico com os Estados Unidos da América e ainda à sua estratégia de expansão da influência política, económica e militar em toda a região onde está inserida. Um outro factor não menos importante terá pesado na atitude pouco entusiasta de Luanda: uma certa desconfiança política e pessoal do Presidente José Eduardo dos Santos para com o então Presidente português, Mário Soares, por motivos históricos relacionados com o complexo processo de descolonização, com o atraso português no reconhecimento da independência angolana e com o público apoio do Presidente português à UNITA e a Jonas Savimbi, o eterno rival político do Presidente angolano.

1.4. A Cimeira do Maranhão em 1989: o conflito institucional entre Mário Soares e Cavaco Silva no processo de criação da CPLP

O início do processo de formalização da CPLP deu-se com a Cimeira de Chefes de Estado dos «Sete» em São Luís de Maranhão, no Brasil, em Novembro de 1989. Neste encontro, só o Presidente angolano não compareceu, alegadamente devido à complexa evolução do processo de paz de Angola; além disso, alguns sectores políticos angolanos ainda «não viam com bons olhos» a criação de uma comunidade de Povos e não de Estados. O Brasil assumiu o seu papel de *pivot* no novo relacionamento a *Sete*, estrategicamente permitido pela diplomacia portuguesa. O contexto da realização desta cimeira era ainda marcado por uma relativa instabilidade das relações de Portugal com alguns dos PALOP, apesar do esforço de Lisboa na implementação da fórmula «5 + 1», pelo que o Governo português preferiu, deliberadamente, não assumir um protagonismo que poderia ser mal entendido pelos africanos na criação de uma comunidade, em tempos, idealizada à imagem da Commonwealth com um modelo marcadamente neo-colonial. Para Durão Barroso, este não era o momento histórico ideal para a concretização do projecto e, na verdade, toda a fase inicial do projecto da CPLP ficou-se pelos discursos de «boas intenções» dessa Cimeira do Maranhão.

O nascimento não-oficial da CPLP dá-se, portanto, na primeira reunião ao mais alto nível da hierarquia dos Estados, no Palácio dos Leões da cidade nordestina de São Luís do Maranhão. Neste encontro, o então embaixador do Brasil em Lisboa, José Aparecido de Oliveira – um homem emotivamente ligado à cultura portuguesa e ao sonho de uma comunidade lusófona – apresentou a proposta de um acordo para a criação do Instituto Internacional de Língua Portuguesa (que nunca saiu do papel), com a participação de Portugal, Brasil, Angola, Cabo Verde, Guiné-Bissau, Moçambique e São Tomé e Príncipe, sendo a língua portuguesa reconhecida, desde logo, como o principal elo de ligação dos sete Estados.

Esta cimeira ficou assinalada por um facto político insólito, quando o Presidente português, Mário Soares, assinou a proposta de formalização desta nova organização internacional e de criação do Instituto Internacional de Língua Portuguesa sem, contudo, possuir poderes para concluir tratados internacionais ou declarações de institucionalização de organismos internacionais, uma vez que a Constituição portuguesa não lhe atribui qualquer poder para tal: só o Governo pode concluir tratados internacionais ou decidir nesse sentido. Além disso, o executivo português parecia não demonstrar interesse na criação de um instituto internacional de promoção da língua portuguesa, por iniciativa e com protagonismo brasileiro. Dada a conhecida crispação política entre Mário Soares e Cavaco Silva/Durão Barroso, neste caso claramente não houve articulação do Presidente com o Governo relativamente à estratégia portuguesa no Maranhão. Este é, aliás, um caso que ilustra o risco das diplomacias paralelas na execução da chamada «magistratura de influência» decorrente da «teoria dos poderes implícitos» desenhada por Marcelo Rebelo de Sousa e desenvolvida por outros constitucionalistas como Gomes Canotilho e Vital Moreira.

Na Cimeira do Maranhão, uma nova organização internacional, congregadora dos Estados que se expressam oficialmente em português, teve lançamento institucional através de um acordo político que vinculou a acção governativa dos países-membros da futura Comunidade dos Países de Língua Portuguesa. Mas a Cimeira de 1989 teve, ao mesmo tempo, uma importância jurídica e política no que respeita à actuação dos órgãos de soberania portugueses, ao nível da demarcação dos poderes constitucionais do Presidente, da Assembleia e do Governo.

A primeira Cimeira de Chefes de Estado e de Governo dos Sete países lusófonos traduz-se, essencialmente, numa declaração política de intenções, mas com uma clara natureza jurídica, porque é estabelecido um acordo entre os Estados de língua oficial portuguesa para a constituição de uma organização internacional e intercontinental, através da criação simbólica do Instituto Internacional de Língua Portuguesa. A relevância política deste caso deve ser enquadrada ainda no contexto de conflito político entre o Presidente e o Governo, nomeadamente do então secretário de Estado da Cooperação, Durão Barroso, em especial nas orientações estratégicas de política africana e de relação diplomática com o Brasil. Dado o fraco índice de simpatia mútua, nunca escondida por ambos, o parecer de 1991 sobre os poderes presidenciais, elaborado por Gomes Canotilho e Vital Moreira, surge num momento em que o Presidente Soares pretendia responder às críticas governamentais após o «episódio do Maranhão» e assumir maior protagonismo na política externa portuguesa. A resposta pública do Governo foi a desvalorização da necessidade do referido instituto internacional, criando, em 1992, um instituto autónomo de difusão da língua portuguesa, gerido unicamente pelo executivo português: o Instituto Camões.

O Estado português terá entendido a lição política deste conflito constitucional, uma vez que, na criação formal da CPLP, em 17 de Julho de 1996, o tratado foi assinado conjuntamente pelo Presidente (Jorge Sampaio) e pelo Primeiro-Ministro (António Guterres), porque o Governo é que detém competência nessa matéria, e, posteriormente, foi aprovado pela Assembleia da República. Por exemplo, pela parte brasileira, bastou a assinatura do Presidente (que possui poderes executivos), sendo o tratado posteriormente aprovado pelo Congresso nacional. De qualquer modo, existe um potencial conflito institucional entre o Presidente e o Governo de Portugal, nomeadamente na condução da política externa, sempre que estejam em causa assuntos de relevante interesse nacional e que impliquem algum protagonismo político e mediático por parte do Presidente, do Primeiro-Ministro ou até do ministro dos Negócios Estrangeiros na representação do Estado no exterior.

1.5. O atraso da constituição da CPLP e a «conspiração de circunstâncias» entre 1990-96

Marcado ou não pelo «episódio do Maranhão», o certo é que o projecto da CPLP só ganhou novo impulso em 1994. Até lá, à margem de reuniões e assembleias da ONU, por iniciativa do Brasil – e com o papel activo de Portugal e Angola – realizaram-se encontros informais entre os sete países. O embaixador Aparecido de Oliveira, mandatado pelo Presidente brasileiro, Itamar Franco, esforçou-se por sensibilizar os dirigentes políticos dos PALOP para a ideia de uma Comunidade de Povos Lusófonos, num périplo realizado em Abril de 1993.

1.5.1. A segunda fase do processo de criação da CPLP: o esforço do embaixador Aparecido de Oliveira

Após a fórmula «5+1» e a Cimeira de São Luís do Maranhão, a segunda fase que marca formalmente o processo de constituição da CPLP é assinalada pelo encontro de Brasília, em Fevereiro de 1994, dos ministros dos Negócios Estrangeiros ou das Relações Exteriores (à excepção, uma vez mais, de Angola). Os responsáveis diplomáticos dos Estados lusófonos acordaram recomendar aos seus Governos a realização próxima de uma cimeira com vista a instituir a CPLP. Entretanto, foi levantada a hipótese de criação de um Parlamento dos «Sete», mas, em Março, o

A construção de uma Comunidade

grupo de trabalho de preparação da cimeira afastou a proposta de criação de um Parlamento comum, admitindo e recomendando a dinamização da cooperação interparlamentar.

No encontro de Brasília ficou ainda decidido que o grupo de concertação permanente, criado nessa altura, ficaria com sede em Lisboa. O motivo da escolha prendeu-se, alegadamente, com o facto de ser a única capital com representação de todas as embaixadas. Iniciaram-se, então, os preparativos para a cimeira que iria criar formalmente a comunidade lusófona, traçando-se as primeiras linhas da declaração constitutiva da CPLP, bem como os seus estatutos provisórios. A cimeira constitutiva chegou a ser agendada, mas as datas foram constantemente adiadas. As actividades dos Sete permaneciam claramente separadas da fórmula «5+1». Os países pareciam não estar preparados para a criação da CPLP.

Em 14 de Junho de 1994, o embaixador Aparecido Oliveira anunciou a realização da Cimeira de Chefes de Estado para o dia 28 daquele mesmo mês. No entanto, no dia 20, o Brasil decidiu enviar apenas um representante do Presidente Itamar Franco, alegadamente impossibilitado de viajar em virtude da morte de um seu sobrinho, facto que não foi bem aceite pelas diplomacias dos restantes Estados lusófonos. O Presidente Nino Vieira já anunciara a impossibilidade de se deslocar a Lisboa por se encontrar em campanha eleitoral na Guiné-Bissau. Em 24 de Junho, os PALOP recusaram também participar e a cimeira sofreu novo adiamento. Quatro dias depois, em comunicado, o Palácio das Necessidades cancelou formalmente a cimeira por não estarem reunidas as condições para a sua realização. O Brasil rejeitou responsabilidades e instalou-se um clima de desconfiança até à véspera da Assembleia Geral da ONU, nas reuniões preparatórias semanais dos «Sete».

Em Julho, Aparecido de Oliveira afirmou que haveria uma «conspiração de circunstâncias» e lançou a suspeição sobre o Governo português, insinuando que o Primeiro-Ministro português cedera, na cimeira europeia na ilha grega de Corfu, a pressões britânicas e francesas, cujos interesses eram contrários ao projecto lusófono. Este segundo semestre seria ainda marcado pela viragem das atenções para a situação política interna de Angola, com o acordo de Lusaka, e para as eleições legislativas em Moçambique. Brasil e Cabo Verde insistiram na realização da cimeira no final do ano e o Presidente brasileiro aceitou, em final de Agosto, deslocar-se a Lisboa para a cimeira institutiva da CPLP, agendada para 28 e 29 de Novembro de 1994. Portugal não participou, entretanto, na quinta mesa-redonda da CPLP, numa iniciativa de âmbito cultural que decorreu em Brasília, em 30 de Outubro de 1994, pelo que alguns dirigentes brasileiros afirmaram que Portugal ainda padecia de «uma certa nostalgia do Império».

Quando tudo parecia indicar que a cimeira teria lugar, o Presidente José Eduardo dos Santos negou a sua comparência. Na base desta decisão estariam declarações do então Presidente Mário Soares sobre a guerra em Angola, em que o líder português, numa carta dirigida a Eduardo dos Santos, colocava no mesmo plano a acção da UNITA e do MPLA, o que não foi bem aceite no Futungo de Belas. Mais uma vez a criação da CPLP ficou adiada. Em 1 de Dezembro desse ano, o Presidente português afirmou, numa video-conferência de Lisboa para o Rio de Janeiro, que a CPLP é «uma ideia-força» que se concretizará mais cedo ou mais tarde. Onze dias depois, Aparecido de Oliveira anunciou, em Bissau, a cimeira para Março, alegadamente, sem o conhecimento do Governo português. A 19 de Fevereiro de 1995, o embaixador brasileiro cessou funções, prometendo continuar a dedicar-se ao projecto da CPLP.

1.5.2. A terceira fase: o final dos mandatos de Cavaco Silva e Mário Soares

Numa terceira fase, a 15 de Maio e depois a 19 de Julho de 1995, os ministros dos Negócios Estrangeiros dos Sete reuniram-se em Lisboa para reafirmarem o interesse dos Estados no projecto. O grupo de concertação permanente passa a designar-se Comité de Embaixadores. Nova reunião ministerial é agendada para Abril de 1996 no Maputo; Julho desse ano é apontado, finalmente, como a data da criação da CPLP. Moçambique defendeu que seria necessário criar grupos de acompanhamento em cada ministério dos Negócios Estrangeiros dos futuros Estados-membros da Comunidade e propôs ainda que o acto institutivo viesse a assumir a forma de tratado. No dia 20 de Julho de 1995 tem lugar, em Lisboa, a cimeira luso-brasileira entre o novo Presidente Fernando Henrique Cardoso e o Primeiro-Ministro português, Cavaco Silva, num clima de desanuviamento das tensões verificadas durante o período de protagonismo do embaixador Aparecido de Oliveira. Um dia depois, o Presidente de Moçambique confirmou a sua adesão à Commonwealth e sublinhou que isso não poria em causa a motivação do seu país com o projecto da CPLP.

A construção de uma Comunidade 31

Este período é marcado pelo fim dos mandatos do Governo português, liderado por Cavaco Silva, e também, poucos meses depois, do Presidente Mário Soares, o que terá influenciado o processo no agendamento da institucionalização da CPLP para Julho de 1996. No caso angolano, o adiamento da cimeira terá sido sugerido pela presidência angolana devido à instabilidade da relação pessoal com o Presidente português, dada a pública simpatia de Mário Soares pelo líder da UNITA, opositor do Presidente angolano. A 26 de Setembro de 1995, mesmo no final da legislatura do Governo de Cavaco Silva, Eduardo dos Santos reiterou, em Lisboa, ao ainda Primeiro-Ministro português, o interesse angolano na criação da CPLP em Julho de 1996.

1.5.3. A quarta fase: as críticas de Itamar Franco a Portugal e a Angola

A quarta fase do processo foi marcada pela reunião preparatória, em Abril de 1996, no Maputo. Pelo lado português, o processo era agora gerido pelo novo executivo socialista, legitimado nas eleições de Outubro de 1995, que manteve as principais linhas de orientação da política externa portuguesa traçadas pelo ex-ministro Durão Barroso. Em Novembro desse ano, o embaixador António Monteiro garantia a continuidade do empenho português na coordenação do processo, no âmbito do Comité dos Embaixadores. O longo trabalho de preparação culmina no encontro de 17 a 19 de Abril de 1996 dos responsáveis dos MNE ou MRE, na capital moçambicana. Os «Sete» acordavam, por fim, os princípios e os estatutos provisórios da comunidade lusófona. Foram definidos os meios de projecção e consolidação da CPLP na cena internacional e Timor-Leste foi admitido como membro observador. O novo ministro português dos Negócios Estrangeiros, Jaime Gama, anunciou então que o primeiro secretário executivo da CPLP seria angolano e o segundo brasileiro, pelo facto dos responsáveis diplomáticos terem optado pelo critério alfabético.

Para atenuar a tensão entre Portugal e Angola, o executivo de António Guterres pressionou as autoridades angolanas para que, finalmente, o Presidente Mário Soares visitasse oficialmente aquele país, o que não tinha acontecido durante os seus dois mandatos presidenciais. Poucos meses antes de terminar o mandato, o Presidente português foi recebido em Luanda pelo seu homólogo Eduardo dos Santos. O «entrave angolano» chegara ao fim, mas os problemas das *susceptibilidades feridas* ainda perduravam, pelo menos no que respeita a alguns dirigentes brasileiros.

Portugal não pretendia liderar a CPLP logo no primeiro momento, para evitar mal-entendidos, e defendia que a liderança inicial deveria caber a um país africano. O ex-Presidente brasileiro, Itamar Franco, entretanto nomeado embaixador do Brasil em Portugal, mostrou-se ofendido, num texto publicado num jornal português em 22 de Maio de 1996, pelo facto de José Aparecido de Oliveira não ter sido indigitado como o primeiro secretário executivo da CPLP e criticou a escolha de um angolano, num momento em que a situação política não era ainda estável nesse país. Essas afirmações provocaram polémica no Brasil, dado que contrariavam a política seguida pelo Itamaraty, onde o novo ministro das Relações Exteriores (e também ex-embaixador em Portugal), Luís Filipe Lampreia, procurava imprimir uma estratégia mais coerente e pragmática à política externa brasileira. Também em Maio, um grupo minoritário de representantes de catorze partidos da oposição angolana apresentou um protesto contra o agendamento da formalização da CPLP, contestando a sua oportunidade.

Antes da realização da cimeira que instituiria, em Julho, a Comunidade dos Países de Língua Portuguesa, a 25 de Junho teve lugar em Lisboa o primeiro encontro inter-parlamentar dos países lusófonos, com a ausência do Brasil. Vários seminários sobre comunicação, juventude e cooperação económica e empresarial decorreram na capital portuguesa, precedendo o acto constitutivo. A 16 de Julho, os chefes das diplomacias dos «Sete» reuniram-se para ultimar os preparativos para a cimeira do dia seguinte.

A última fase é marcada pelo encontro histórico, em Lisboa, dos altos representantes dos «Sete», em 17 de Julho de 1996. No Mosteiro dos Jerónimos, onde as autoridades portuguesas já tinham oficializado a adesão de Portugal à Comunidade Europeia (uma década antes), foi então criada oficialmente a Comunidade dos Países de Língua Portuguesa, integrando Portugal, Brasil, Angola, Moçambique, Guiné-Bissau, Cabo Verde e São Tomé e Príncipe. Timor-Leste teve, nesse momento, o estatuto de observador como uma forma institucional e diplomática de divulgar a violação dos Direitos do Homem naquele território então (teoricamente) sob administração portuguesa, mas ocupado pela Indonésia. A Comunidade estava formalizada: haveria que lhe dar coesão interna e projecção externa.

2. Os primeiros anos da CPLP: objectivos, estrutura e fragilidades da nova organização internacional

Com a dispersão geográfica tricontinental deste novo fórum internacional e com a inserção dos vários Estados-membros da CPLP em mercados regionais respectivos (Portugal é membro da União Europeia; Brasil é o país com maior peso económico do MercoSul; Angola é membro da SADC e do espaço económico regional da África Central; Moçambique integra a Commonwealth e também a SADC; Guiné-Bissau aderiu à zona francófona da UEMOA; Cabo Verde integra a CEDEAO; São Tomé e Príncipe é membro da comunidade congénere para a África Central), o elemento de união e identificação comum é constituído pela língua portuguesa. Por isso, as estratégias de promoção da língua assumiram carácter prioritário no documento que criou a CPLP.

2.1. Os objectivos generosos dos «Sete»

A democracia e a não-ingerência nos assuntos internos dos Estados são os valores-base da declaração constitutiva da comunidade lusófona, aqui resumida. «Os Chefes de Estado e de Governo (...) imbuídos dos valores perenes da Paz, da Democracia e do Estado de Direito, dos Direitos Humanos, do Desenvolvimento e da Justiça Social, tendo em mente o respeito pela integridade territorial e a não ingerência nos assuntos internos de cada Estado, bem como o direito de cada um estabelecer as formas do seu próprio desenvolvimento político, económico e social e adoptar soberanamente as respectivas políticas e mecanismos nesses domínios (...) decidem, num acto de fidelidade à vocação e à vontade dos seus Povos, e no respeito pela igualdade soberana dos Estados, constituir (...) a Comunidade dos Países de Língua Oficial Portuguesa».[25]

Com base neste compromisso, os Estados-membros definiram os objectivos da CPLP, dos quais destacamos:

- consolidação da realidade plurinacional, através do aprofundamento da cooperação e da concertação de estratégias;
- afirmação internacional dos «Sete», apesar do território descontínuo, mas com idioma comum;
- reforço da solidariedade e cooperação económica e social;

---

[25] *Declaração Constitutiva da CPLP*, pág. 11-14, Anexo 1.

- promoção da língua portuguesa como meio de aproximação e identificação dos povos que a utilizam na comunicação, a nível interno e externo;
- dinamização da cooperação inter-parlamentar, universitária, económica e empresarial;
- promoção da concertação político-diplomática, no âmbito de outras organizações internacionais;
- promoção de medidas facilitadoras da circulação de cidadãos dos sete (mais tarde oito) países no espaço da CPLP;
- reforço dos esforços tendentes à resolução de problemas existentes nas comunidades de imigrantes, sem prejuízo dos compromissos internacionais já assumidos pelos Estados-membros.

Os Chefes de Estado apontaram estratégias e princípios, sem definirem metodologias de execução, e salientaram a importância da história e da língua comum para afirmarem, de forma geral, que «a comunidade da cumplicidade da língua e dos afectos já existia e só agora se formaliza».

2.2. Estrutura organizacional definida em 1996

Desde 1996, a CPLP é constituída pelos seguintes órgãos, apresentados pelo seu grau hierárquico:

1. Conferência de Chefes de Estado e de Governo;
2. Conselho de Ministros;
3. Comité de Concertação Permanente;
4. Secretariado Executivo.

O órgão máximo é constituído pelos Chefes de Estado e/ou de Governo de todos os Estados membros da CPLP. Esta Conferência deve definir os objectivos e as políticas gerais e tem ainda competência para criar instituições que facilitem o funcionamento da CPLP, devendo as decisões serem sempre tomadas por consenso e vinculativas para todos os Estados. A Conferência de Chefes de Estado e de Governo elege entre os seus membros um Presidente, com mandato rotativo de dois anos; a Conferência deverá reunir-se de dois em dois anos, mas, extraordinariamente, poderá reunir-se após solicitação de dois terços dos Estados--membros.

O Conselho de Ministros é constituído pelos ministros dos Negócios Estrangeiros e das Relações Exteriores de todos os Estados-membros. As suas funções são, essencialmente, de coordenação de todas as acções da CPLP, bem como adoptar e implementar políticas adequadas aos objectivos traçados pela organização, tendo competência para aprovar o orçamento. Este é o órgão que estará mais atento às necessidades da organização, fazendo recomendações à Conferência, quer sobre o funcionamento da CPLP, quer sobre os candidatos ao cargo de secretário executivo e secretário executivo adjunto. A presidência deste órgão é rotativa entre os seus membros e tem a duração de um ano. Também aqui as decisões são tomadas por consenso. As reuniões têm lugar uma vez por ano ou extraordinariamente, sempre que dois terços dos Estados-membros o solicitem.

O terceiro órgão é constituído por um representante de cada um dos Estados. Pode afirmar-se que o Comité de Concertação Permanente tem uma função fiscalizadora (e mais próxima) sobre a actuação do Secretário Executivo, no cumprimento das recomendações da Conferência ou do Conselho. Este Comité reúne-se uma vez por mês, é coordenado pelo representante do país que detém a Presidência do Conselho de Ministros, as suas decisões são tomadas por consenso e pode decidir sobre actividades, políticas, orçamento e funcionamento interno da CPLP, no que consideraríamos o exercício de um controlo apertado da acção do Secretariado Executivo.

O Secretariado Executivo é, em termos práticos, o principal órgão da CPLP. É a ele que cabe implementar as decisões da Conferência, do Conselho de Ministros e do Comité de Concertação Permanente. Deve participar em todas as reuniões dos vários órgãos da Comunidade e é o órgão responsável pelas finanças e pela administração geral da CPLP. O Secretariado Executivo é dirigido pelo Secretário Executivo (o primeiro foi Marcolino Moco, ex-primeiro-ministro angolano). O Secretário Executivo é eleito por dois anos e o seu mandato pode ser renovado uma só vez. É a ele que cabe concretizar os objectivos da organização e responder perante os desafios que lhe são colocados. Para isso, conta com o auxílio directo do Secretário Executivo Adjunto, que o pode substituir por ausência ou impedimento, devendo ser de nacionalidade diferente.

Com sede fixa em Lisboa (com aluguer pago, na fase inicial, pelo Estado português, e com sede própria, cerca de um ano após a sua criação, cedida também pelo Estado português), a CPLP ainda vivia, até ao final de 1997, o que poderíamos designar como uma «fase de infância», cabendo ao primeiro secretariado a montagem de toda a estrutura de funcionamento, de apetrechamento logístico e de contactos com as mais diversas entidades lusófonas e internacionais.

As prioridades definidas pelo primeiro Secretário Executivo como projectos imediatos (no início de 1997) do plano global de acção foram, sinteticamente, as seguintes: ratificação urgente do tratado institutivo por todos os Estados-membros da CPLP; ratificação urgente do acordo ortográfico; promover encontros inter-parlamentares; incrementar modalidades comuns para a atribuição de vistos de passagem e residência, bem como para a promoção de políticas de segurança comuns, extensíveis às áreas da imigração ou luta contra a droga; alargar ao Brasil a troca de experiências de altos funcionários envolvidos na fórmula «5 + 1»; incentivar a ligação da CPLP a organizações não governamentais e outras entidades promotoras de acções de cooperação; elaborar um plano estratégico de promoção do turismo dos «Sete»; e incentivar encontros regulares entre atletas, músicos e outros artistas e promover exposições itinerantes nas capitais lusófonas, inseridas no projecto cultural «Como somos na Comunidade em que estamos».

Prioritário era também garantir o reconhecimento formal da CPLP por países terceiros, mercados regionais e organizações internacionais; estabelecer colaboração diplomática em temas de interesse comuns aos «Sete»; avançar rapidamente com a implementação do acordo ortográfico e do Instituto Internacional de Língua Portuguesa, dinamizando-o e articulando-o com o Instituto Camões e organismos congéneres aos «Sete», bem como promover campanhas de alfabetização, apostando na formação de formadores, em bibliotecas itinerantes e na distribuição de manuais escolares; divulgar projectos e objectivos da CPLP na comunicação social lusófona e internacional; criar bolsas de estudo para estudantes do ensino secundário dos PALOP; promover encontros sectoriais periódicos para fomentar a convergência das diversidades das administrações dos países lusófonos; e constituir grupos de trabalho para a celebração de protocolos de liberalização das trocas comerciais e harmonização das barreiras pautais.

O modelo de organização preconizado por Marcolino Moco implicaria estruturas: executiva (serviços administrativos, jurídicos e económico-financeiros) e de consultoria (gabinetes de estudos e projectos; desenvolvimento de estudos e necessidades; diagnóstico estratégico de necessidades). Após o primeiro semestre de actividade, o Secretariado sublinhava que, durante esse período, tinha contado apenas com o apoio de duas secretárias administrativas, apesar de, nessa altura, a CPLP estar sediada num amplo andar de um moderno edifício do centro de Lisboa. De qualquer modo, é conhecida a experiência de múltiplas entidades – mais poderosas e com maiores recursos financeiros do que a CPLP – que exercem a sua actividade de *lobbying* através de estruturas organizacionais leves e flexíveis e meios humanos ou espaços físicos diminutos. Curiosamente, logo neste ponto, a exigência de uma estrutura administrativa com algum peso revela a tendência comum à maioria dos portugueses, africanos e brasileiros para criarem organizações pesadas, com diversos funcionários e, geralmente, pouco eficazes.

2.3. As fragilidades da *Comunidade dos equívocos*

O problema do financiamento da CPLP e das actividades do secretariado merece aqui especial atenção. De acordo com os estatutos da CPLP, os fundos são provenientes de quotas dos Estados-membros, a fixar pelo Conselho; haverá ainda um fundo especial para as actividades programáticas do secretariado que pode ter proveniência de contribuições públicas ou privadas. As quotas referidas são, actualmente e desde o início, de 30 mil dólares por ano para cada Estado-membro. No entanto, em Março de 1997, apenas Portugal, Brasil, Angola e Moçambique tinham efectuado o pagamento das quotas. De qualquer modo, o Secretário Executivo afirmou-nos que o orçamento é insuficiente para as expectativas dos Estados-membros relativamente às actividades do secretariado, mesmo que todos pagassem as quotas desde o início.

O Brasil prometera, no dia da criação formal da Comunidade, uma contribuição inicial, como fundo especial, superior a quatro milhões de dólares, mas até ao final de 1997 não chegou a entregar qualquer verba nos cofres da CPLP, de acordo com informações do Secretariado. Em Março de 1997, o Secretário Executivo não dispunha sequer de um escudo no chamado fundo especial. Nessa altura, ainda não tinham sido desbloqueados cinco milhões de dólares: os quatro milhões garantidos pelo Presidente brasileiro e um milhão de dólares prometidos por Portugal. Para o orçamento geral do Secretariado, Marcolino Moco reclamava mais de um milhão de dólares, contra o meio milhão existente até Junho de 1997.

O Secretário Executivo considerava que o Ministério português dos Negócios Estrangeiros pretendia colocar o Secretariado numa posição incómoda de «dependência de favores», classificando essa atitude de incorrecta e admitindo que, desta forma, o Secretariado pode ser influenciado pelo Estado-membro que contribuir com maior financiamento. Marcolino Moco acusou, em 1997, a diplomacia portuguesa de pretender ser o verdadeiro secretariado, o que colide com «o espírito da criação» da Comunidade, e de querer transformar a CPLP numa «extensão da diplomacia portuguesa». O Secretário da Comunidade sublinha que Portugal não tem «o direito de violar os princípios de soberania dos Estados e os princípios de um protagonismo adequado do Secretariado da CPLP.»

Apesar das virtualidades inegáveis do projecto para todos os seus membros, logo no início da sua existência surgiram os conflitos, por exemplo, entre alguns Estados e o Secretariado. Apesar de não ser objecto deste estudo a análise exaustiva do trabalho dos sucessores do primeiro Secretário Executivo da CPLP, dez anos depois a questão está ainda em saber para onde vai e com que meios uma Comunidade que, em termos de política internacional, é insuficientemente reconhecida por organizações congéneres por ineficácia da própria CPLP, dada a complexidade política e até a incoerência de atitudes e interesses de alguns dos seus Estados-membros, durante o seu longo processo de criação.

Alguns dos países lusófonos têm demonstrado uma clara falta de motivação e interesse pela sua participação activa no projecto da CPLP. Por outro lado, um perfil pouco carismático, sem influência e notoriedade política, da liderança executiva da CPLP pode constituir um obstáculo à projecção internacional da organização e à sua unidade de acção, porque os programas aprovados em Conselho de Ministros necessitam, principalmente, de um gestor competente e dinâmico para impulsionar a CPLP. Além disso, a continuidade do voto por consenso também poderá, hipoteticamente, conter alguns riscos, na medida em que, numa situação extremada, se os interesses primordiais dos Estados forem divergentes em absoluto, será, então, difícil alcançar uma decisão consensual, coerente e sólida; ao invés, resultará uma compilação de propostas de duvidosa aplicação, «camuflada» e apresentada como uma decisão consensual.

Persistem ainda outros problemas que, para serem capazmente resolvidos, exigem o investimento de maiores recursos financeiros dos Estados-membros, em especial, e na prática, de Portugal e Brasil. Na concretização de alguns objectivos da CPLP, nomeadamente no que respeita à cooperação cultural, defendemos que os países com maiores recursos (Portugal e Brasil) poderão usar de forma mais original e eficaz – para a promoção da sua imagem cultural e económica, dos projectos da CPLP e também da língua portuguesa – diversos meios já existentes: centros culturais, escolas e meios de comunicação social (exemplos: RTP Internacional, RTP África e RDP África ou a SIC Internacional).

Na perspectiva portuguesa, a título exemplificativo, julgamos que os centros culturais portugueses existentes nalguns países africanos têm sido, na sua maioria, espaços sem uma estratégia definida de dinamização ou animação cultural, limitando-se (salvo raras excepções) ao fornecimento de um serviço bibliotecário e à promoção esporádica de exposições – o que, apesar de tudo, já é significativo em alguns países de fracos recursos.

Sem centros culturais atractivos, Portugal dificilmente conseguirá competir com outros países europeus detentores de maiores meios financeiros e de maior agressividade na promoção cultural, numa região do globo que aparentemente lhe é favorável em termos de identificação linguística e cultural. A (in)actividade do Instituto Camões também poderia merecer uma longa investigação, mas esse não é o nosso objecto de estudo. As escolas são igualmente importantes na divulgação da língua portuguesa. Vários países africanos queixam-se frequentemente de escassez de material escolar, nomeadamente de manuais e livros portugueses. Em qualquer estratégia de difusão da língua seria normal um apoio activo do país difusor dessa língua aos outros que a assimilaram, pelo que seria lógico que o Estado português enviasse directamente livros para os PALOP ou concedesse apoios especiais às editoras para reduzir o preço de venda das publicações a esse público.

Portugal tem, no entanto, divulgado a sua literatura através de feiras do livro, como as realizadas anualmente em Cabo Verde e, tal como noutros PALOP, com grande adesão do público local. Isto significa que Portugal e a CPLP poderiam promover feiras do livro ou multimédia com garantido sucesso e, simultaneamente, fornecer manuais básicos às escolas; caso contrário, o esforço de difusão do idioma pode ser em vão. A ideia não é original; a França e a Grã-Bretanha já desenvolveram há vários anos esse tipo de actuação, com recurso inclusive a meios audiovisuais. E se a questão que se coloca é a do financiamento, quer relativamente às escolas, quer quanto ao centros culturais, uma das soluções poderia residir em incentivos especiais que visem a promoção do mecenato cultural, método financiador previsto pela própria CPLP.

Os meios de comunicação social, nomeadamente os públicos, financiados pelos contribuintes, também poderão colaborar activamente na promoção da língua e cultura portuguesas como instrumentos de política externa nacional. No caso português, RTP Internacional, RTP e RDP África serão os meios privilegiados, mas a estratégia poderia ser repensada, dado que, apesar dos esforços recentes, ainda faltam programas informativos, culturais e recreativos que envolvam os públicos dos países da CPLP. No caso da televisão estatal internacional, só nos últimos anos houve algum investimento em produção própria, já que, durante largos anos, esta estação limitou-se, geralmente, a retransmitir programas dos outros canais públicos, sem qualquer critério diferenciador dos públicos-alvo dos «Oito» (contando já com a adesão de Timor-Leste) – apesar de, com a criação da RTP África, essa questão ter sido ligeiramente minorada. Quando à rádio, a RDP África procura prestar um melhor serviço, produzindo programas de informação e entretenimento/animação musical relacionados com a CPLP, mas depara-se com escassez de meios.

A utilidade dos meios de comunicação social pode reflectir-se ainda na promoção da CPLP, que pretende alcançar o reconhecimento internacional, factor tão importante no quadro das relações entre os Estados. Exemplo disso foi a entrevista do Presidente da República, Jorge Sampaio, à cadeira televisiva norte-americana CNN, no dia da criação da CPLP. Numa sociedade cada vez mais mediatizada, esta entrevista lançou nos palcos internacionais uma organização acabada de criar e assim foi dada a conhecer, a muitos pela primeira vez. Este é, obviamente, um tema que deveria ser aprofundado cientificamente, já que apenas enunciámos alguns constrangimentos no domínio cultural.

3. Uma década de *crescimento lento*

Após a institucionalização, em 1996, da Comunidade de Países (e não apenas de povos) que em português comunicam, onde o princípio do respeito da soberania dos Estados e da igualdade da sua participação numa organização internacional comum permitirá encontrar um novo modelo de cooperação multilateral numa escala tricontinental, continuam por resolver inúmeros problemas ou constrangimentos. É, no mínimo, curioso que persistam ainda os problemas de financiamento, gestão, organização e liderança, mas este argumento não deverá desculpabilizar uma eventual inércia ou falta de dinamismo por parte da própria estrutura executiva da CPLP, nomeadamente na angariação de financiamentos através do mecenato e na elaboração de uma verdadeira e eficaz estratégia de promoção da imagem internacional da CPLP, dado que, mais do que problemas administrativos, o que está acima de tudo em causa é a credibilidade mundial desta nova organização internacional.

A CPLP tem, contudo, potencial para se apresentar e assumir como uma nova organização internacional com relevância mundial a nível geo--estratégico e com força económica, uma vez que é formada por um conjunto heterogéneo de países com vantagens comparativas e competitivas múltiplas e específicas face às regiões-mercados onde naturalmente se inscrem. Por isso, os «Cinco» africanos, apesar dos problemas políticos, sociais e económicos, deveriam ser uma prioridade estratégica para Portugal, quase tão importante quanto o Euro, como defendem alguns economistas como o Prof. Ernâni Lopes, ex-ministro português das Finanças que negociou a adesão de Portugal à CEE.

Um quadro económico realista poderia ser traçado do seguinte modo: Moçambique, apresentado, estatisticamente, como um dos mais pobres países do mundo, possui riquezas naturais e um potencial geo--económico que agora começa a ser aproveitado; São Tomé e Príncipe, Cabo Verde e Guiné-Bissau, com fortes dependências económicas, têm potencial turístico e de deslocalização da produção industrial e/ou agrícola; Timor possui recursos energéticos, apesar da forte debilidade da economia e da coesão social; Angola possui matérias-primas em quantidade abundante e conseguiu, finalmente, estabilidade, após o fim da guerra fratricida; o Brasil é uma das mais pujantes e promissoras economias do mundo; Portugal, apesar da forte dependência energética e da sua economia estar, na quase totalidade, dependente das trocas e dos investimentos com os parceiros da União Europeia, tem potencial industrial e turístico e está inserido no mercado europeu.

No caso africano, os problemas sócio-económicos e da estrutura de poder são conhecidos e a debilidade da estrutura e do planeamento económico continua a ser uma constante nos PALOP, que, entre múltiplas dependências externas, não conseguem liquidar a dívida externa. O reescalonamento da dívida ou o perdão parcial poderão constituir soluções viáveis, desde que sejam estudas e programadas as devidas contrapartidas. Este é apenas um dos «fantasmas» da cooperação económica entre os «Cinco» e Portugal, ao qual se juntam as incertezas quanto à estabilidade económica e política na África Austral e noutras regiões. O Brasil, por seu lado, tem beneficiado da abertura do seu mercado e da captação de investimento directo estrangeiro. Ao nível dos «Oito», este tem sido o mercado mais atractivo para aplicação de investimentos, pelas suas próprias capacidades económicas e pelo facto de constituir uma entrada «garantida» no Mercosul.

As potencialidades da Comunidade Lusófona são significativas nos planos cultural, político e económico-empresarial, mas o seu aproveitamento depende da vontade política, da estratégia e dos interesses específicos de cada Estado-membro. Em última análise, o caso da CPLP demonstra que, por vezes, os interesses permanentes e vitais dos Estados prevalecem, independentemente de uma determinada conjuntura, sobre os interesses das organizações internacionais a que pertencem. A excepção a esta regra só aconteceria na hipótese, ao que tudo indica pouco provável na CPLP, de que a estratégia seguida por essa organização seja de tal forma sólida, forte, coerente e plural, que os Estados-membros se orientem pela linha traçada pela organização. Neste caso, cada Estado lusófono saberia (embora não o aproveite) o que pretende obter da sua participação na CPLP; admite que a pode utilizar para projectar a sua imagem no exterior; e conhece o que tem para oferecer, conquistar ou defender a curto, médio e longo prazo, de acordo com estratégias, por vezes, traçadas há décadas.

Apesar dos constrangimentos funcionais decorrentes do conflito de interesses entre os Estados-membros e da sua dupla vinculação a outras organizações internacionais, a CPLP só conseguirá assumir-se como organização com influência, visibilidade e prestígio internacionais quando os Estados-membros acordarem em promover uma eficaz política de cooperação multilateral, em especial nas áreas militar, económico-empresarial e cultural, que permita «amadurecer» a experiência de concertação de interesses dos «Oito» que em português ainda se vão entendendo.

Do projecto, eventualmente utópico, de Marcolino Moco para a livre circulação de cidadãos no espaço lusófono à potencialização de uma comunidade económica, com redução ou até supressão de barreiras alfandegárias, e à tomada de decisões por unanimidade em matérias díspares (quando os interesses de cada Estado-membro são basicamente influenciados pelos interesses dos mercados ou organizações regionais onde geograficamente se inserem), os primeiros dez anos da CPLP são marcados por um *crescimento lento*. Na verdade, os Estados-membros têm transmitido a imagem da «mãe» ou do «pai» que não sabem ainda o que fazer com um «filho» indesejado nos seus braços, fruto de longa, conturbada, mas inevitável gestação. O «filho» (Secretariado) ressente-se dessa «desorientação paternal» e, logo na primeira fase, não hesitou em levantar «complexos de Édipo» com acusações de ingerência; ou seja, temos assistido a uma «infância» também conturbada e difícil.

A *construção de uma Comunidade* 43

Será então a CPLP o resultado do «romantismo» e das «intenções líricas» de políticos que sonhavam, mais ou menos camufladamente, com uma organização internacional lusófona semelhante à britânica Commonwealth ou à comunidade francófona? Terá sido a institucionalização da CPLP uma «fuga para a frente» e um conveniente *show off* político dos Estados em causa para concluírem, na primeira oportunidade favorável, um processo que já se arrastava há muito nas agendas e nas relações multilaterais dos países de língua portuguesa?

Será que as opiniões públicas dos «Oito», nomeadamente do Brasil (mais de 150 milhões de falantes de português) conhecem o projecto ou sabem o que é a CPLP? Quais é que são as verdadeiras expectativas dos Estados-membros? Se um dos membros da organização contribuir com mais verbas obtém ou não, na prática e não na garantia teórica diplomática, maior influência e pressão junto do secretariado, como insinuou Marcolino Moco?

Não serão os demasiado vagos estatutos da organização internacional lusófona, que traduzem apenas princípios gerais, o reflexo das reais intenções de relativo desinteresse da maioria dos Estados para com a CPLP, dado que as suas próprias políticas – bilaterais ou multilaterais – e as da iniciativa privada seguem estratégias próprias, perfeitamente autónomas de um programa de qualquer Secretário Executivo da Comunidade?

As respostas a estas questões serão decerto obtidas nos próximos anos. Resta-nos unicamente verificar se os Estados «separados pela mesma língua» (como ironiza Adriano Moreira, citando Winston Churchill)[26] irão reflectir profundamente sobre a relevância do «Triângulo Lusófono» para os seus próprios conceitos estratégicos nacionais, e amadurecer, com coerência e pragmatismo, a sua visão sobre o relacionamento a «Oito», nomeadamente no que respeita a uma política de cooperação económica e cultural dinâmica e potenciadora de uma projecção internacional de maior dimensão da Comunidade dos Países de Língua Portuguesa.

*(De: **Luís Ferreira Lopes**; inédito; escrito entre 2002 e 2006)*

---

[26] MOREIRA, Adriano, A Comunidade dos Países de Língua Portuguesa, in *Política Internacional*, Lisboa, vol. 1, nº 13, Outono-Inverno 1996, pág. 5.

Parte II

Os Novos Descobrimentos

Comemorações dos 500 anos dos Descobrimentos Portugueses. Muito se tem falado e escrito sobre este tema – e não apenas a propósito das pessoas e dos objectivos da respectiva comissão nacional.

A opinião pública está descontente. Houve já quem dissesse que não existe vontade política de comemorar a efeméride com a dignidade e a imaginação necessárias, para tentar, ao menos, igualar as bem planificadas e estruturadas comemorações espanholas. O caso é de tal modo preocupante que já se pensa inclusivamente que «se Portugal tivesse planeado os Descobrimentos como planeia agora as respectivas comemorações, talvez as naus não tivessem saído do Tejo.» (Dinis de Abreu, Diário de Notícias)

Os problemas surgidos e a controvérsia que os tem rodeado demonstraram, entre outras coisas, que as Comemorações dos Descobrimentos não podem estar sujeitas aos caprichos dos políticos. Nem tão pouco devem ser uma imitação da Exposição do Mundo Português de 1940: a «comemoração» da passagem do Cabo da Boa Esperança por Bartolomeu Dias, que teve lugar na África do Sul, só veio confirmar a necessidade de uma rápida mudança de estratégia.

Passados que estão 14 anos sobre o 25 de Abril, a consolidação da democracia e a (relativa) recuperação da economia permitiram acalentar esperanças de um futuro melhor para Portugal. Talvez como consequência, a produção cultural regista uma nova dinâmica, em especial na literatura e na música. Começa-se – finalmente! – a falar da guerra colonial. Entretanto, a adesão à CEE e a cooperação com os países africanos de língua oficial portuguesa vieram relançar o debate sobre qual deve ser o papel de Portugal no Mundo.

Neste panorama, é inevitável que as Comemorações dos Descobrimentos assumam uma importância fundamental.

Como afirmou recentemente Filipe La Féria, «é tempo de falarmos dos nossos problemas, da nossa grandeza, da nossa mediocridade. É a construção de uma outra realidade, que está a acontecer neste momento. Há toda uma nova forma no pensamento português, subterrânea ainda, mas que irá explodir.»

E, «subterraneamente», muitas vezes sem o conhecimento do grande público, têm-se realizado diversas iniciativas que podem ser inseridas nesta nova atitude dos portugueses. É precisamente de uma delas que iremos falar em seguida.

Unir e não separar

Fernando Pessoa escreveu um dia: «Deus quer, o Homem sonha, a Obra nasce./Deus quis que a Terra fosse toda uma,/que o mar unisse, já não separasse.»

Os jovens portugueses deixaram de estar separados dos jovens brasileiros, graças a um intercâmbio sócio-cultural promovido pela Confederação Nacional das Associações de Família (CNAF) e pela Fundação Criart, da cidade de Curitiba, no Brasil, e apoiado por diversas instituições públicas e privadas dos dois países.

A primeira parte deste intercâmbio foi cumprida nos meses de Agosto e Setembro do ano passado por um grupo de 55 jovens portugueses – na sua maioria estudantes universitários e provenientes da CNAF, da Liga Portuguesa dos Deficientes Motores e da Universidade Católica de Lisboa – que trabalharam no campo da acção social em áreas degradadas da periferia de Curitiba, capital do estado do Paraná.

Estes jovens, que ficaram instalados em casas de famílias daquela cidade, foram recebidos na Foz do Iguaçu com música portuguesa e na presença de jornais, rádio e televisão – em ambiente de verdadeiro arraial lisboeta.

Num Brasil «a fervilhar»

Durante a sua estadia os nossos estudantes colaboraram em instituições de apoio à criança e ao deficiente; participaram na distribuição de alimentos nos bairros pobres dos subúrbios, em que eram utilizados autocarros transformados em lojas populares; conheceram prisões de menores – onde encontraram crianças de doze anos presas por homicídio.

O grupo nacional interveio ainda em debates realizados nas universidades; visitou museus e teatros; e organizou um importante levantamento histórico na biblioteca e fundação cultural de Curitiba.

A sua actividade incluiu também a animação cultural da periferia da cidade. Esta era feita principalmente em tendas de circo – para atrair as crianças – nas quais os moradores dessas áreas marginalizadas discutiam os seus problemas e expunham livremente, aos políticos e aos autarcas, as suas ideias sobre o processo de elaboração da Constituição brasileira. Nesses mesmos locais escritores explicavam às crianças e aos adolescentes as doutrinas da reforma agrária, das desigualdades sociais e da luta de classes.

Tudo isto constituiu para os portugueses como que um regresso a um passado recente: o cenário de um Brasil «a fervilhar» em 1987 era algo semelhante ao de um Portugal no «Verão quente» de 1975.

Fado e samba

Nos tempos livres, à noite e ao fim-de-semana, o lema era «aproveitar ao máximo».

Acompanhados por jovens curitibanos ou pelas famílias que os acolheram, era ver os nossos universitários em animados «bate-papos» nos bares e nas discotecas da cidade, ou a saborearem os belos pratos da cozinha tradicional cá da «santa terrinha» nos restaurantes da comunidade portuguesa, ao som sempre saudoso da guitarra e do fado, e depois de terem passado por divertidas rodas de samba.

Vários emigrantes, que deixaram Portugal ou as antigas colónias há alguns anos, convidavam os jovens para um cálice de Porto em suas casas. Um pretexto para ficarem a par dos acontecimentos nacionais mais recentes ou discutirem a actual situação político-económica dos dois países; para sentirem, afinal, o prazer de conversar com gente da metrópole – como ainda lhe chamam.

Apesar de um programa muito intenso, houve tempo para se conhecer um pouco mais da «Terra de Vera Cruz»: o fascínio inquietante do Rio de Janeiro; o gigantismo de São Paulo; Santos; Petrópolis, cidade-museu de D. Pedro IV de Portugal; Florianópolis, capital do estado de Santa Catarina, colonizada por açorianos; Paranaguá, cidade portuária do Paraná, com características arquitectónicas típicas do litoral algarvio; e Ouro Preto, património mundial, testemunho marcante da presença portuguesa, e onde, por ironia, se gerou o primeiro grande movimento anti-colonial – a Inconfidência Mineira.

Nas ruas desta bonita cidade – algumas delas, estreitas e sombrias, autênticas vielas de Alfama – os jovens portugueses, perante tanta semelhança e proximidade com Portugal, cantaram, espontaneamente, o fado, enquanto grupos de brasileiros, na sua maioria também jovens e estudantes, se juntavam para os ouvir. O samba logo ecoou por toda a cidade. Pouco depois, o encontro com dois estudantes portugueses, filhos de emigrantes de Vila Viçosa, numa república idêntica às de Coimbra. A emoção, compreensivelmente, foi enorme.

Uma embaixada itinerante

A presença deste grupo nacional no Brasil deixou marcas. Constituiu uma verdadeira embaixada de Portugal, porque os seus membros souberam conviver com todas as pessoas, provenientes das mais variadas camadas sociais, económicas e culturais.

Estes jovens sentiram a alegria (natural) de ouvirem diversas etnias falarem a sua língua – a língua portuguesa. Curitiba, a exemplo dos outros grandes centros populacionais brasileiros, é povoada por numerosas comunidades italianas, alemãs, polacas e japonesas. Todas elas comunicam utilizando o mesmo código linguístico e cultural – o português, que, porém, quando era falado mais depressa pelos nossos estudantes, chegava a ser confundido com o castelhano ou até com o búlgaro!

No Brasil os portugueses estiveram em sua própria casa – como seria aliás de esperar. Todavia, e apesar da nossa tradicional capacidade de adaptação a outros ambientes, notou-se a diferença que existe entre os valores europeus e os sul-americanos. O Brasil é um país situado num continente e num hemisfério opostos aos nossos, e esta circunstância determina, quase naturalmente, a distinção entre duas culturas – mesmo as de povos ligados por laços de sangue.

No entanto, não parece haver qualquer intenção de afastamento por parte dos brasileiros. Antes pelo contrário: a Europa é hoje, cada vez mais, um mito, um exemplo a seguir, um modelo a imitar.

«Portugal é legal!»

Foi isso que os jovens brasileiros sentiram quando estiveram em Portugal, em Janeiro e Fevereiro deste ano, para cumprirem a segunda parte do intercâmbio.

Trabalharam no campo da acção social, tal como os portugueses no Brasil, ou estagiaram em empresas cuja actividade se enquadrava na sua especialização universitária. Nos tempos livres tiveram oportunidade de conhecer a realidade portuguesa nos seus mais diversos aspectos, visitando não só Lisboa como também outras regiões do nosso país. E, através do Inter-Rail, viajaram durante quinze dias por essa Europa que tanto admiram.

Os jovens brasileiros gostaram de Portugal; regressaram satisfeitos com a experiência e a maioria até gostaria de voltar. Consideram Portugal «o país mais "legal" da Europa, com muita história; e por termos bastantes coisas em comum devia haver uma maior cooperação entre os dois países.»

É aqui, no nosso país, que muitos pretendem começar uma nova vida, emigrando do Brasil, que se debate actualmente com uma grave crise económica – e é já significativo o número de brasileiros em Portugal a exercerem as mais variadas profissões. Porém, é necessário ter em atenção a limitada capacidade de assimilação do nosso mercado perante tal êxodo.

Este e outros problemas só vêm demonstrar a necessidade urgente de um novo tipo de relacionamento entre os dois países, que permita a aplicação na prática das melhores soluções.

Aceitar o desafio

A iniciativa que acabámos de referir poderá ser um exemplo dos Novos Descobrimentos: o desenvolvimento da solidariedade entre todos os povos ligados pela cultura lusa.

Para nós, portugueses, partir novamente à aventura seria um desafio ao nosso espírito de abertura e diálogo com quaisquer povos do Mundo, sem traumas, sem revanchismos, sem neo-colonialismos.

Há que aceitar este desafio. Como? Uma das muitas maneiras possíveis de o aceitar estaria no incentivo a uma política estruturada de comunicação entre os jovens de todos os países lusófonos, e outros, onde ainda subsistam vestígios da presença portuguesa. E utilizar todo este manancial de identificação e de entendimento para se levar a cabo – da boa esperança – um trabalho de interesse mútuo: na conservação do património histórico; em projectos científicos, culturais e artísticos; no campo da acção social.

Como vimos, já foram dados os primeiros passos neste sentido. Agora, é necessário continuar. Iniciativas deste género, pela importância de que se revestem, poderiam constituir para a juventude uma alternativa válida ao serviço militar obrigatório, ou um complemento do actual sistema de ocupação dos tempos livres.

«Há fundadas razões para esperar que as novas gerações, libertas de complexos e avisadas pelo fracasso da cultura europeia e internacionalista que domina as super-estruturas e os seus poderes em vários planos, consigam inflectir a tendência auto-destrutiva, a tempo de salvarem esta velha pátria da queda no anonimato histórico ou num provincianismo, onde só restariam alguns tipismos regionais sem dimensão nacional.» (António Quadros em entrevista a Fernando Dacosta, O Jornal)

«Lusaliança»

Uma aposta na cooperação é justificada pelas calorosas recepções de que os portugueses são alvo quando visitam hoje o Brasil, Angola, Moçambique, Guiné, Cabo Verde e São Tomé e Príncipe.

Mas esta simpatia para com Portugal está também presente em Marrocos: para os «mouros», para os «infiéis» com os quais lutámos durante tantos anos, preservar e exibir os traços da cultura portuguesa existentes na sua terra é motivo de orgulho, e até de prestígio; longe parecem ir os tempos de Alcácer Quibir. O interesse pela nossa cultura pode também ser encontrado na Índia, na Oceania, na China, no Japão.

Estes povos, aos quais estamos indissoluvelmente ligados, reafirmam constantemente o seu desejo de contribuir para o fortalecimento dos laços históricos. E recebem da nossa parte, como resposta, o mais desolador dos silêncios, ocasionalmente entrecortado por breves e ténues balbuciamentos. É certo que existem relações diplomáticos; que se fazem (alguns) intercâmbios culturais; que se processa já uma certa cooperação nos âmbitos da assistência médica, do ensino, da construção e manutenção de infra-estruturas básicas – particularmente com os países africanos de língua oficial portuguesa. Mas é muito pouco; pode-se – e deve-se – fazer muito mais.

Portugal está a perder tempo, a perder oportunidades, a ser ultrapassado numa corrida onde não deveria ter concorrentes ou adversários. A Espanha e a França, nomeadamente, têm vindo progressivamente a ganhar posições na cooperação com os nossos países irmãos, nos quais têm interesses políticos, económicos e culturais. Além disso, beneficiam da reduzida influência de Portugal no contexto diplomático actual, particularmente nítida nos assuntos africanos – mas não só.

As nações que se tornaram independentes de Portugal nunca puseram em causa os aspectos positivos da nossa presença, e reconhecem o nosso país como o parceiro privilegiado na cooperação. Sendo assim, porque não cimentar ainda mais esta ligação, que é desejada por todos?

«Afastados os fantasmas de quaisquer neocolonialismos, para os quais não temos vocação, subsiste o nosso conhecimento profundo do terreno, e meios humanos disponíveis, para sermos bons cooperantes e bons investidores. Saibamos ocupar esse lugar que nos pertence, sem termos que servir de intermediários a outros, porventura menos fraternos e menos dedicados a horizontes que não habitaram. Em nosso legítimo interesse e dos povos que nos tratam pelo nome e falam a nossa língua.» (Dinis de Abreu, Diário de Notícias)

Portugal deve pois, o mais depressa possível, congregar os países e os povos que têm em comum a língua portuguesa numa organização supranacional, de âmbito mais económico e cultural do que político e militar. Um espaço alargado para uma circulação, livre e equitativa, de pessoas, bens e ideias, que possibilite a cooperação a todos os níveis e o desenvolvimento em todos os sectores para todos os membros dessa «Lusaliança».

Reunir as «marcas de portugalidade»

A proposta de uma relação institucionalizada, permanente e intensa, com os países de língua oficial portuguesa – e não nos esqueçamos de Timor – tem implícita outra preocupação: por quanto tempo mais vamos permitir que os indícios, os sinais, as «marcas de portugalidade» espalhadas por todo o Mundo sejam apagadas? Que a nossa herança seja, irresponsável e irremediavelmente, perdida?

As embaixadas e os consulados portugueses podem desempenhar um papel muito importante na defesa do património que construímos ao longo dos séculos. Pelas suas próprias atribuições, as representações diplomáticas estão especialmente vocacionadas para a divulgação cultural. No entanto, têm sido subaproveitadas, assim como as numerosas comunidades de emigrantes portugueses.

As comunidades constituem os nossos núcleos sócio-culturais no Mundo; são formadas por gente pacífica, trabalhadora e dotada de uma capacidade especial de adaptação. Considerada por alguns como uma velha maldição do país, a emigração não é mais do que o destino daqueles que não encontraram em Portugal melhores condições de vida. Mas a «diáspora lusitana» não é a única: outros povos europeus emigraram para terras distantes e distintas. O que é diferente – e importa realçar – no caso português é que foram sendo deixadas marcas duradouras, que se estenderam não só aos naturais como também aos outros povos colonizadores e imigrantes.

Importantes centros difusores da cultura portuguesa nos países onde estão inseridos, as comunidades existem isoladamente, não recebendo um apoio suficiente por parte das autoridades nacionais. Continua por implementar uma política ambiciosa, alargada e estruturada de divulgação cultural para, de e entre as várias comunidades portuguesas no estrangeiro – onde o ensino de português aos filhos dos emigrantes não é ainda, infelizmente, uma prática generalizada.

Uma divulgação cultural exaustiva e variada não implica necessariamente grandes gastos financeiros, mas capacidade de dinamização e de organização – cuja falta tanto nos tem prejudicado ao longo da História. A implementação de uma política cultural para as comunidades implica igualmente um levantamento, o mais completo possível, do património português – não só no estrangeiro como também, obviamente, em Portugal.

A última oportunidade

A nossa consciência – a nossa responsabilidade histórica – faz-nos compreender que estamos a viver a época da última oportunidade. Se não queremos perdê-la, é imperioso que se proceda a uma reflexão séria e profunda sobre a forma e o conteúdo das Comemorações dos 500 Anos dos Descobrimentos Portugueses – tarefa que é de todos e não apenas de elites políticas e culturais.

«O que mais interessaria a Portugal era o estabelecimento de acordos com uma série de países para comemorações conjuntas, bilaterais ou multilaterais, onde de parte a parte se aprofundasse o conhecimento histórico e se confrontassem as respectivas manifestações culturais, tanto do passado como da actualidade. (...) Seria apaixonante estudar em conjunto as influências mútuas nas línguas, nas artes plásticas, nas literaturas, nas filosofias, nas religiões, nas tecnologias, nas economias, nos costumes. Seria interessantíssimo promover um novo reconhecimento de povos tão diversos, interligados desde há cinco séculos pelas mesmas rotas marítimas. A afirmação da cultura portuguesa surgiria fora de qualquer relação dominador-dominado, num intercâmbio respeitador das soberanias, valorizador das diferenças, atento à variedade dos contributos para a civilização universal.» (Luís Moita, O Jornal)

Devemos aproveitar este Quinto Centenário não para cristalizar os nossos seculares complexos – de superioridade ou de inferioridade, feitos de cepticismo, pessimismo ou optimismo exagerados – mas para construir uma nova maneira de ser e de estar, de pensar e de agir. Nestes finais de século e de milénio, devemos comemorar, não tanto o fim da antiga era dos Descobrimentos, mas o começo de uma nova que seja a digna continuação daquela: a era dos Novos Descobrimentos.

*(De: **Luís Ferreira Lopes** e **Octávio dos Santos**; DN Magazine N.º 116, 1988/12/18)*

A fuga de Portugal

Portugal está na CEE, e, neste momento, prepara-se para o grande desafio que o ano de 1992 representa. Ao mesmo tempo, verifica-se um incremento das relações com o Brasil e com os países africanos de língua oficial portuguesa. Não restam dúvidas: esta é a altura ideal para uma reflexão sobre o nosso passado, presente e futuro. Sobre o que é, afinal, Portugal.

Portugal é um país marítimo, atlântico. Está no centro do Mundo, entre a América, a Europa e a África, às portas da Ásia. É por isso um local privilegiado para o encontro de muitas raças e culturas.

O mar levou-nos por todo o Mundo, permitindo-nos conhecer gentes diferentes de terras distantes. O português soube conversar e, principalmente, miscigenar-se. Como salientou a propósito o Prof. Eusébio Tamagnini, da Universidade de Coimbra, «a tendência para a miscigenação é uma inclinação positiva da raça portuguesa, que a distancia e "humaniza" face às experiências estrangeiras de colonização, nomeadamente britânicas e germânicas.»

Por todo o lado deixámos a nossa cultura – na língua, nos costumes, na arte – mas também adaptámos e divulgámos outras culturas que representavam outras maneiras de estar na vida. Deste modo transformámos o destino e a história da Humanidade, enriquecendo a identidade europeia e universal.

«Existe muita poesia nisso tudo»

A aventura dos Descobrimentos, segundo Oliveira Marques, «foi algo de notabilíssimo, algo comparável às viagens ao espaço dos nossos dias e, porventura, ainda mais difícil do que as viagens interplanetárias, porque se realizavam, em grande parte, às cegas, sem se saber o que se iria encontrar, sem comunicação com a pátria. (...) De facto, se algo fizemos para bem da Humanidade foram os Descobrimentos e foi a colonização dos vários povos. E não tenhamos medo de utilizar a palavra "colonização" porque todos os povos são colonizados por outros mais avançados do que eles – nós também fomos colonizados pelos romanos e mal da Humanidade se não tivesse havido colonizadores e colonizados: ela estaria dividida ainda em milhares de pequenas tribos.»

No passado, construímos um império e colonizámos povos. Hoje, sem o império, podemos usufruir da amizade desses povos: «Lamento os que vêem nos portugueses apenas os colonizadores e ignoram essa fidalguia própria da raça, que ao espalhar arte pelo Mundo dividiu com o colonizado a beleza que descobriu. Existe muita poesia nisso tudo. São fidalgos, os portugueses.» (Gilberto Gil em entrevista ao Expresso)

Todavia, a epopeia teve os seus custos. É certo que houve Tordesilhas, Albuquerque, Camões, poder, riqueza, ouro, seda, especiarias. Mas quanta desorganização, imprevidência, ostentação, dívida, falência. Política de transporte. Depois, deixámo-nos envolver no nevoeiro sebastiânico, e, ainda hoje, esperamos alguém com grandes poderes milagrosos para nos indicar o caminho a seguir.

«Para nós a História é uma espécie de cinema da alma. Mas o filme que passa é sempre o mesmo: "O Império Perdido" (...). Teríamos sido mesmo nós? Não passávamos de um milhão. Um milhão de camponeses, pastores e pescadores que viviam num canto da terra a quem ninguém prestava importância. E de repente, por assim dizer, de um dia para o outro, iniciámos essa loucura colectiva, esse delírio de, sozinhos, descobrir tudo o que havia para descobrir. (...) Claro, tudo durou apenas cinquenta anos, no máximo cem. Mas nunca conseguimos recuperar dos esforços despendidos e hoje somos incapazes de o esquecer.» (Historiadora portuguesa não identificada citada por Hans Magnus Enzensberger, Die Zeit, tradução pelo Diário de Notícias)

Fugimos de nós próprios?

No passado, Portugal ofereceu à Europa novos horizontes, novas riquezas, novas ideias. Os valores da Renascença dificilmente teriam alcançado uma grande dimensão sem o contributo do experiencialismo dos Descobrimentos Portugueses, os quais abriram o caminho à expansão e à afirmação europeia no Mundo.

Porém, a Europa, que nos deve muito do que é, olha hoje para Portugal como se olhasse para um parente pobre. Da nossa parte, há a tendência para considerar a Comunidade Económica Europeia como a única salvação possível do nosso país, esquecendo que as ajudas comunitárias não irão durar para sempre.

Recorde-se que, quando da adesão, se afirmou que Portugal tinha finalmente entrado na Europa.

Então, onde estivemos durante 800 anos?

A adesão à CEE não terá sido também uma fuga? Não tentámos fugir de nós próprios, ainda assustados com os fantasmas da descolonização?

Será que quisemos esquecer o passado, ao eliminar quase tudo o que nos ligava ao mar? Retirámo-nos dos países ultramarinos, acabámos praticamente com a frota mercante, perdemos posições na pesca. Teremos vergonha da nossa história feita de marinheiros e de pescadores, preferindo ser débeis agricultores, simples jardineiros de um belo «jardim à beira-mar plantado» que nem sequer sabemos cultivar?

O refúgio na Europa, fuga de África, da Ásia, da América, é a prova de que Portugal ainda não atingiu a maturidade plena como nação. E a maturidade plena só pode ser atingida quando um povo assume a sua história, as suas grandezas e as suas misérias, os seus feitos heróicos e os seus actos condenáveis, as suas glórias e as suas humilhações. Quando assume tudo, sem nada omitir ou deturpar.

Ser português

Ainda não se encontrou uma resposta satisfatória para a eterna pergunta: o que é, afinal, ser português?

«(Os portugueses) agarram-se a coisas concretas: tolerância patológica, cepticismo nacional que só pára face ao milagre, desleixo que é grandioso. Estas virtudes serão, talvez, utópicas. Para o mundo do progresso e da civilização elas serão pecados mortais a exigir severa penitência. Virá o dia em que as virtudes arcaicas dos portugueses serão procuradas e copiadas? Sobre este capítulo ainda ninguém disse a última palavra. O que os portugueses defendem, muitas vezes em surdina e arbitrariamente, mas sempre com teimosia, não é a propriedade, não é o possuir: defendem os próprios desejos; é o que, entretanto, ninguém mais possui. Este povo é a encarnação da crítica da razão. Vamos a supor, por hipótese, que a política é algo mais que fabricar armas e produtividade. Vamos a supor, por hipótese, que existe uma Europa dos desejos. Nessa Europa, Portugal não seria só um penduricalho periférico. Seria uma grande potência e, como todas as grandes potências, não só causaria calafrios aos seus vizinhos mas também os faria rebentarem de inveja.» (Hans Magnus Enzensberger, idem)

É preciso que, de uma vez por todas, se compreenda isto: Portugal é um país único; não se pode comparar a nenhum outro. O povo português tem o seu próprio espírito, a sua própria maneira de ser, o seu próprio ritmo, características que – ironias da História – tanto nos trouxeram empolgantes alegrias como desoladoras tristezas. Não será já tempo de parar de olhar tanto para os outros e de começar a olhar mais – e em primeiro lugar – para nós?

Fernando Pessoa escreveu um dia: «Falta cumprir Portugal.»

De que estamos à espera? Quando é que, em lugar de dar novos mundos ao Mundo, damos, ao menos por uma vez, um Novo Mundo a nós próprios?

*(De: **Luís Ferreira Lopes** e **Octávio dos Santos**; DivulgACÇÃO N.º 1, 1988/12)*

Celebrar a lusofonia

Assunto ainda há pouco tempo objecto de forte controvérsia, as Comemorações dos 500 Anos dos Descobrimentos Portugueses têm visto ultimamente um considerável decréscimo no debate – e na polémica – que se gerou à sua volta.

Significará isto que, finalmente, foi constituída uma Comissão à altura da importância das Comemorações? Que foi elaborado e aplicado um programa completo, inovador e eficaz? Que estão mobilizados os recursos – e as consciências – do país para a realização de tão grande tarefa?

Infelizmente, parece-nos que não. O silêncio que neste momento se verifica a propósito das Comemorações deverá ser interpretado não como um sinal de que os problemas estão resolvidos, de que há uma concordância ou até mesmo uma unanimidade – desejável e necessária – em torno do que devia ser um grande projecto nacional, mas, pelo contrário, como um sinal de que a frustração, o desânimo e o desinteresse se instalaram de novo na sociedade portuguesa. Os portugueses parecem ter desistido de comemorar os Descobrimentos; ou, pelo menos, já não lhes atribuem tanta importância.

Isto não pode nem deve acontecer. É preciso evitar, combater e inverter, a todo o custo, a inércia que, uma vez mais, se abate sobre Portugal. É preciso esclarecer e definir, de uma vez por todas, o que devem ser as Comemorações dos (mais de) 500 Anos dos Descobrimentos Portugueses.

Comemorar o presente e preparar o futuro

Num debate televisivo sobre as Comemorações realizado há algum tempo, foi afirmado mais ou menos o seguinte: «Cada país comemora aquilo que tem. Os Estados Unidos comemoram o centenário da Estátua da Liberdade, a França comemora os duzentos anos da Revolução Francesa, a Espanha comemora o descobrimento da América e Portugal comemora os seus Descobrimentos.»

Nesta assim como em outras afirmações semelhantes, caracterizadas pelo «bom senso», pela «humildade» e pelo «pragmatismo», estão patentes todos os erros que têm caracterizado as Comemorações, bem como a mentalidade pouco lúcida, pouco ambiciosa e – porque não dizê-lo? – pouco corajosa daqueles que as dirigem. Afirmamo-lo sem hesitação e desafiamos seja quem for que nos contradiga: os Descobrimentos Portugueses são o acontecimento civilizacional mais importante deste milénio. Nada, repetimo-lo, nada, pode lhes ser comparado. Logo, as Comemorações deverão ser proporcionais à importância dos Descobrimentos.

O principal erro das Comemorações tem sido o de, unicamente, lembrar o passado, e, pior ainda, fazê-lo de uma forma enfadonha, sem criatividade e nada apelativa. Lembrar o passado é importante, mas não chega: para comemorar verdadeiramente os Descobrimentos, é fundamental comemorar o presente... e preparar o futuro. Como? Celebrando a lusofonia, através do estabelecimento de relações especiais, em todos os aspectos e a todos os níveis, com os países e os povos aos quais Portugal se uniu, de uma maneira irreversível, ao longo da sua história: Brasil, Cabo Verde, Guiné, São Tomé e Príncipe, Angola, Moçambique, Timor, Marrocos, Índia, Sri Lanka, China, Japão. Comemorar os Descobrimentos Portugueses seria, partindo de afinidades culturais e afectivas ainda hoje muito fortes, constituir uma comunidade intercontinental, não só cultural mas também económica e científica, que proporcionasse o desenvolvimento pleno a todos os seus membros, que conjugasse a conservação da tradição com a implementação da modernização.

Daqui resulta claramente qual deve ser o papel, as atribuições e as funções da Comissão Nacional para as Comemorações dos 500 Anos dos Descobrimentos Portugueses: deve incentivar e coordenar a realização de iniciativas nos mais diversos âmbitos que impliquem o contacto, o relacionamento e a cooperação com e entre todos os países e todos os povos mencionados acima. A Comissão deve estar presente em todos os acontecimentos que realcem a presença de Portugal no Mundo, o grandioso e inigualável contributo que deu à História, a riqueza e a universalidade da sua cultura. Deve promover uma gigantesca operação internacional de *marketing* que consolide a imagem de Portugal como nação pioneira dos

Descobrimentos. Em suma, a Comissão deve constituir um elo de ligação entre todas as reflexões e todas as acções que se vão fazendo – e as que estão por fazer – no sentido da concretização e do fortalecimento da «Lusaliança», entendo-se esta como o relacionamento institucionalizado entre todos os países e todos os povos que têm em comum a presença da cultura portuguesa.

Portugal não deve ter medo das comemorações espanholas. Estas não são mais do que forma sem conteúdo, um gigantesco espectáculo de exibicionismo e de demagogia, grandes meios para pequenos fins. Muito barulho para nada. O que têm os espanhóis de concreto para comemorar? Que fizeram eles de original, de criador, de civilizador? A resposta é simples: massacraram os aztecas e os incas. E só não fizeram o mesmo aos maias porque a civilização destes já tinha entretanto desaparecido...

Regressar ao mar

Comemorar os Descobrimentos Portugueses não deve constituir apenas uma oportunidade para conservar, defender e expandir a língua e a cultura portuguesas. Comemorar os Descobrimentos Portugueses deve constituir também uma oportunidade para se concretizar algo que há já muito tempo se impõe: regressar ao mar.

É preciso – e urgente – regressar ao mar. E para regressar ao mar são necessários barcos. Como é possível que Portugal, país marítimo, com uma extensa faixa litoral, com uma vastíssima zona económica exclusiva, protagonista das Navegações e das Descobertas, não tenha hoje uma frota à medida das suas responsabilidades? É pois necessário construir barcos: para a pesca, o comércio, o turismo, a investigação científica, a defesa. Mas para regressar ao mar não é apenas necessário construir barcos: é fundamental a reorganização e a remodelação dos portos, tornando-os não só infra-estruturas eficientes no aspecto económico mas também áreas privilegiadas para a cultura e para o recreio. E – muito importante – também é essencial despertar nos portugueses, e em especial nos mais jovens, o gosto pelo mar, incentivando as práticas e as actividades que com ele estão relacionadas, desde a natação, o remo e a vela até à defesa do ambiente.

Há uma pessoa que, melhor do que ninguém, sabe como é importante regressar ao mar: o Professor Agostinho da Silva. Ele também sabe, melhor do que ninguém, como se deve comemorar os Descobrimentos

Portugueses: a sua Fundação Mensagem surge, à falta de «alternativa oficial» credível, como a verdadeira comissão nacional para as comemorações dos (mais de) 500 Anos dos Descobrimentos Portugueses. E nessa «comissão» todos os portugueses, assim como os seus milhões de irmãos espalhados pelo Mundo, terão um papel fundamental a desempenhar.

*(De: **Octávio dos Santos**; DivulgACÇÃO N.º 2, 1989/3)*

Gritos de mar

No passado dia 14 de Setembro, no Estádio José Alvalade, em Lisboa, e durante um espectáculo que tinha como principal atracção um dos maiores nomes da música rock, um grupo de danças e cantares timorenses foi vaiado pelo público. Trágica, cruel ironia: o espectáculo chamava-se «Sons de Mar – Música pelos Descobrimentos».

Se os próprios portugueses parecem não ter o menor interesse pela causa do povo maubere, pelo seu direito à autodeterminação e à independência do seu país, é de perguntar se esta não será, definitivamente, uma causa perdida. Porém, o que infelizmente muitas pessoas parecem não lembrar é que a causa do povo de Timor é também a causa de Portugal; se os timorenses perderem, os portugueses também perderão. Com uma diferença: nós perderemos a dignidade (ou o que resta dela...); eles, já perderam muitas vidas.

Aquando da invasão pela Indonésia, Timor ainda era, formalmente, uma parte de Portugal. Logo, foi também Portugal que os criminosos indonésios invadiram, foi a Portugal que eles declararam, implicitamente, guerra. E Portugal, tomou a decisão que se impunha? Foi além dos protestos de circunstância? Declarou guerra à Indonésia? Comprometeu-se solenemente a combatê-la em todas as frentes possíveis e por todos os meios disponíveis?

Não.

Há quinze longos anos que Portugal se limita a mendigar a compreensão e o apoio da comunidade internacional. Mas há muito que se tornou evidente que só palavras não chegam. Os timorenses precisam de muito mais do que boas intenções; o Inferno está cheio delas... e Timor é, desde 1975, uma colónia do Inferno. Do que os timorenses mais necessitam é de actos. E quais seriam esses actos, essas obrigações mínimas da nossa parte para com eles? Essencialmente, um apoio total, incondicional e oficial às forças de resistência timorenses, traduzido principalmente num fornecimento contínuo de armas, alimentos, medicamentos, equipamentos. Porque eles sim, são verdadeiros «combatentes da liberdade». Não tenhamos ilusões: os indonésios apenas estarão dispostos a dialogar e a negociar quando sentirem, também, o sabor do ferro e do fogo. Não faltam casos semelhantes para o comprovar.

E não devemos preocupar-nos com o facto de, nesta questão, estarmos praticamente (orgulhosamente?) sós. Não devemos ficar à espera da ajuda da CEE e das demais «democracias ocidentais»: existem demasiados factores político-económicos em jogo, que são muito mais importantes do que o respeito pelos direitos humanos... excepto, obviamente, quando são interesses próprios que estão ameaçados. Aliás, são conhecidos vários casos que demonstram que Portugal tem, pelo menos indirectamente, relações comerciais com a Indonésia! Decididamente, não se pode contar com nada nem com ninguém. Nem mesmo com o Papa: ele não pareceu ficar incomodado quando os carrascos muçulmanos reprimiram, na sua frente, aqueles que ainda são, apesar de tudo, membros da sua Igreja. O chão de Timor não mereceu ser beijado? Ele é que não mereceu pisá-lo! Longe está, na verdade, o tempo das Cruzadas...

Comemorar hoje os Descobrimentos implica, principalmente, reavivar e reforçar os laços que nos unem aos povos com os quais contactámos mais frequentemente e intensamente ao longo dos séculos. Isto é evidente para todos – excepto, talvez, para os membros da Comissão para as Comemorações... Em relação a Timor, trata-se, antes de mais, de restabelecer muitos dos laços que foram cortados; de completar um ciclo. E se falharmos aqui, poucos ou nenhuns motivos teremos para festejar o nosso maior contributo para a História Universal.

*(De: **Octávio dos Santos**; DivulgACÇÃO N.º 5, 1990/12)*

Das palavras aos actos

Espaço lusófono: dimensão e institucionalização

Antes de se falar concretamente sobre as acções no domínio da cooperação e das relações culturais nos países lusófonos, convém ter uma ideia da dimensão do próprio espaço lusófono, isto é, do número aproximado de pessoas que falam português no Mundo. E se em relação a Portugal e ao Brasil não existem quaisquer dúvidas, apesar das diferenças de pronúncia e de ortografia, de que a língua de Camões é utilizada pela totalidade dos dois povos, o que significa um número da ordem dos 130 ou140 milhões de pessoas, existem muitas incertezas em relação aos outros dois pilares básicos da lusofonia: os países africanos lusófonos e as comunidades de emigrantes.

Quanto aos primeiros, em qualquer destes países existem várias línguas de origem étnica que continuam a ser as predominantes, em especial nas zonas rurais. Isto acontece nomeadamente nos casos de Angola, Moçambique e Guiné-Bissau, em que a maior parte da população que fala português como segunda língua se concentra principalmente nas cidades e nos centros urbanos. Nos dois maiores países africanos lusófonos a guerra constituiu um factor de concentração urbana, e, logo, de uma maior utilização do português. Pelo contrário, a grande maioria da população tanto de Cabo Verde como de São Tomé e Príncipe é bilingue, e o português é praticamente tão utilizado como o crioulo – que, por sua vez, é formado quase exclusivamente a partir do léxico português. A insularidade foi e é, nestes dois casos, o factor que tem permitido esta uniformização. A percentagem de falantes de português nos dois arquipélagos situa-se entre os 70 e os 80%, em populações de 357 mil e 111 mil habitantes, respectivamente. Na Guiné-Bissau os falantes de língua portuguesa representam 11% da população de 922 mil habitantes. Em Moçambique a percentagem situa-se entre os 17 e os 25% em

14,7 milhões de habitantes. Quanto a Angola, entre 30 e 40% de 9,2 milhões de habitantes

É necessário referir que, com excepção da Guiné-Bissau, os PALOP não possuem recenseamentos actualizados que forneçam informações credíveis sobre a dimensão da utilização da língua portuguesa. Os dados referidos acima são aproximações e baseiam-se em estudos parciais de âmbito académico, em diversas fontes relativas às taxas de alfabetização em português, e em consultas pessoais. Há que salientar que, assim como não há unanimidade nos números apresentados, também os critérios para avaliar o conceito de «falante de português» diferem.

Das entidades públicas

De entre as entidades e instituições públicas e estatais que têm como objecto a cooperação nas áreas da cultura e da educação existem três que mais se têm destacado: o Gabinete para a Cooperação com os Países de Língua Portuguesa, o (ex) Instituto Português do Livro e da Leitura – agora Instituto da Biblioteca Nacional e do Livro – e a Direcção Geral de Cooperação.

O Gabinete para a Cooperação com os Países de Língua Portuguesa do Ministério da Educação foi criado em Julho de 1990 devido à necessidade de se estabelecer uma coordenação que permitisse conjugar esforços com o fim de, com maior eficiência e eficácia, serem cumpridos os objectivos e as metas definidas nas cimeiras dos ministros da educação dos países de língua portuguesa. Com a criação do Gabinete pretendeu-se que as acções isoladas e pontuais fossem substituídas por uma política de cooperação concertada internamente, e estabelecida em diálogo com os países africanos de língua oficial portuguesa de modo a poder responder às suas necessidades através de acções, projectos e planos efectivamente concretizáveis. O Gabinete foi concebido como uma unidade de coordenação e apoio, no âmbito do Ministério da Educação, das acções desenvolvidas no contexto da cooperação bilateral e multilateral com as entidades responsáveis pela educação dos países de língua portuguesa. As suas atribuições foram assim definidas: representar o Ministério da Educação nas relações com entidades internacionais e nacionais, nos domínios da cooperação e na área da educação, com os países de língua portuguesa; estabelecer, por delegação ministerial, acordos e protocolos que envolvam a cooperação com os países de língua portuguesa;

cooperar com outras instituições públicas e privadas no sentido de assegurar a coordenação das diferentes intervenções; constituir e manter actualizada uma base de dados que garanta a informação necessária ao Ministério da Educação, de modo a estabelecer uma articulação permanente com os Ministérios da Educação dos países de língua portuguesa.

Em 1991 o Gabinete despendeu mais de 186 mil contos em actividades bilaterais e multilaterais no âmbito da cooperação com os países lusófonos. Essas actividades foram de diversos tipos, nomeadamente: missões técnicas (como o «Projecto Ensino-Aprendizagem da Língua Portuguesa»), diversos cursos, seminários, simpósios, formação de quadros, reformulação de planos curriculares e a introdução de novas tecnologias na educação («Projecto Minerva»); acções de longa duração (como o «Projecto Piloto para a Formação de Formadores do Ensino da Língua Portuguesa») e o destacamento e colocação de professores, leitores e assistentes pedagógicos; fornecimento de equipamento e de documentação; atribuição de bolsas de estudo. Se acrescentarmos a estas actividades a articulação estreita e os contactos regulares que o Gabinete mantém em Portugal com escolas superiores de educação e outras do ensino superior, com escolas secundárias e com organizações não governamentais como a Fundação Gulbenkian e o Centro de Informação e Documentação Amílcar Cabral (CIDAC), compreende-se melhor o reconhecimento generalizado quanto à utilidade do Gabinete. Ao ter também como objectivo a coordenação dos vários projectos relacionados com o ensino nos PALOP desenvolvidos por entidades não oficiais, contribuindo deste modo para a definição de prioridades, a compatibilização e a complementarização entre projectos e actividades em curso, e, assim, evitar a repetição de tarefas, o Gabinete assumiu-se por isso como o interlocutor directo e privilegiado da Direcção Geral de Cooperação para a área do ensino.

A Direcção Geral de Cooperação, organismo sob a tutela do Ministério dos Negócios Estrangeiros e da Secretaria de Estado da Cooperação, é, na verdade, a entidade governamental principal e central no âmbito da cooperação em Portugal; a sua acção não se restringe ao ensino e cultura – que, todavia, são as áreas que recebem o maior financiamento – e estende-se também à ciência e tecnologia, saúde e segurança social, desporto e juventude, justiça e defesa, administração pública, interna e do território. São competências da DGC: analisar, propor e assegurar a execução de acções, programas e projectos de cooperação de carácter bilateral ou multilateral; analisar os assuntos que poderão ser objecto de acordos de cooperação; promover a execução e a coordenação dos acordos de cooperação concluídos entre o Estado português e outros Estados ou organizações estrangeiras ou internacionais; colaborar e intervir, ao nível dos respectivos órgãos superiores, em institutos e outros organismos especificamente vocacionados para a cooperação cultural e científica vinculados a outros ministérios, na realização dos fins a que estes se propõem; coordenar os programas de recrutamento de cooperantes e promover a sua contratação com os ministérios da respectiva tutela; organizar cursos e programas de formação e informação para os cooperantes que forem contratados para desempenhar tarefas em outros países.

No domínio da cultura e do ensino, a DGC exerce a sua acção através de três meios principais: os centros culturais, os quais até recentemente coordenava e apoiava, e que funcionam associados às embaixadas portuguesas nos países respectivos; o livro; e a concessão de bolsas de estudo e o recrutamento e contratação de professores e cooperantes oficiais. Eis uma breve síntese da actividade da DGC nestas áreas em 1991.

Neste ano encontravam-se em funcionamento centros culturais portugueses nas seguintes cidades africanas: Praia; Mindelo; Bissau; São Tomé; Príncipe; Maputo; e Beira; o de Luanda encontrava-se ainda em instalação. Em todos os centros funcionam bibliotecas abertas a públicos de todas as idades, cujos acervos vão dos cinco mil livros – Príncipe, Mindelo e Beira – aos 15 e 20 mil – Praia, Bissau e Maputo. A leitura domiciliária tem vindo a generalizar-se, nomeadamente em Bissau, onde já foram emitidos dois mil cartões de leitor. Todos os centros recebem regularmente jornais portugueses, revistas culturais e de divulgação, videocassetes com filmes e programas diversos, e organizam exposições bibliográficas, fotográficas e filatélicas, e diversos espectáculos de teatro e de canto. Os centros também apoiam numerosas instituições culturais e recreativas locais, através da oferta de milhares de livros, do patrocínio de festas e de concursos, e da cedência de instalações e de equipamentos para acções diversas, como seminários e exposições.

No domínio do livro, há a referir em especial a organização de feiras do livro durante o ano de 1991 em Cabo Verde (25 mil livros), Bissau (15 mil), Luanda (30 mil) e Maputo (20). Aqui, é necessário sublinhar que a DGC recebeu, na organização das feiras ao longo dos últimos anos, o apoio do (ex) Instituto Português do Livro e da Leitura, agora Instituto da Biblioteca Nacional e do Livro. Tal como o Gabinete para a Cooperação com os Países de Língua Portuguesa no ensino, o

IPLL foi o interlocutor privilegiado da DGC no domínio do livro. Sob tutela da Secretaria de Estado da Cultura, estava incumbido de implementar uma política integrada do livro português e da leitura pública, e apresentou, desde 1987, programas que se concretizaram em: organização de feiras do livro português em todos os países africanos de língua oficial portuguesa; oferta de fundos em livros a bibliotecas desses países ou a outros organismos de intervenção cultural na área do livro; apoio em livros a estudiosos da língua e da cultura portuguesas; apoio à edição, em editoras portuguesas, de textos de literaturas africanas em língua portuguesa; apoio à formação nos diversos domínios do sector, em especial no de biblioteconomia. Uma das acções mais notáveis iniciadas pelo instituto foi o projecto (de actualização) do Fundo Bibliográfico de Língua Portuguesa de Moçambique, que foi aliás proposto por este ao nosso país, e que é entendido como o conjunto de obras que consubstanciam e apoiam o uso da língua portuguesa na sua múltipla função de língua de ensino e de comunicação no espaço nacional de Moçambique. Em 1991, e através da DGC, foram oferecidos ao fundo mais de 50 mil títulos, o que fez com que aquele tenha agora um total superior a 230 mil.

Por último, aquilo que a DGC designa como «desenvolvimento dos recursos humanos». No seu relatório de 1991, esta entidade, referindo que a escassez de recursos humanos e financeiros constitui uma ameaça permanente às perspectivas de desenvolvimento a longo prazo dos PALOP, afirma que tem vindo a aumentar progressivamente o apoio à formação de quadros, através da concessão de bolsas de estudo e de estágios de formação profissional, bem como através da promoção de acções concretas destinadas a melhorar as condições de permanência em Portugal dos beneficiários dessas bolsas. Assim, foram atribuídas, em 1991, 1160 bolsas: 420 a Cabo Verde; 270 à Guiné-Bissau; 200 a Angola; 140 a Moçambique; e 130 a São Tomé e Príncipe. Já no domínio da formação profissional o contingente de bolsas oferecidas pela DGC em 1991 foi de 1920 meses/ano (240, 360, 480, 240 e 480, e 120 para os países não lusófonos). Em 1991 a DGC despendeu na formação mais de 656 mil contos. No que respeita à formação ministrada nos próprios PALOP através do envio de missões de apoio, em especial de professores, e dos serviços de cooperantes portugueses e da cooperação inter-institucional, nomeadamente entre universidades, os números foram os seguintes: 60 cooperantes prestaram serviço nos PALOP (8, 6, 12, 23 e 11), o que representou uma diminuição relativamente a 1990 (79).

Tal decréscimo é atribuído ao facto de os cooperantes terem vindo a ser integrados em projectos de cooperação, que se pretende sejam preferencialmente de formação de formadores, para que, a médio prazo, os cooperantes sejam substituídos por nacionais dos próprios países.

Esta não é porém a única justificação, nem sequer a mais importante. Na verdade, aquilo que se pode designar como a «crise do contingente geral» tem várias causas: salários pouco ou nada compensadores; deficientes condições de alojamento e de assistência médica; escassos meios e recursos logísticos e pedagógicos. Mas existem, segundo a DGC, outras causas para a diminuição do número de cooperantes oficiais: uma maior exigência nas regras que condicionam o seu recrutamento, nomeadamente habilitações literárias mínimas; proporcionalidade de dois para um entre bolseiros e cooperantes; e fixação de «plafonds» nas comissões mistas entre Portugal e cada PALOP. Além disso, o Estado português é hoje mais exigente em relação às condições garantidas pelos governos africanos, nomeadamente quanto à confirmação prévia de alojamentos para os cooperantes.

Verificam-se também muitos problemas nos centros culturais portugueses em África. A actividade dos oito centros actualmente existentes não é suficiente para atenuar a desproporção existente entre a capacidade de iniciativa portuguesa e a de outros países interessados em ganhar espaço e influência nos PALOP. Os orçamentos reduzidos que são disponibilizados para os centros culturais revelam bem a ignorância quanto à importância deste tipo de investimento, que continua muito aquém das necessidades e dos desejos dos próprios africanos. Além disso, a ausência, ou, na melhor das hipóteses, a indefinição de uma estratégia do Estado português relativa à presença cultural nos PALOP faz com que o bom trabalho e as iniciativas positivas que têm sido concretizadas nos centros culturais dependa excessivamente, ou mesmo exclusivamente, da vontade e da capacidade individuais, cujos efeitos benéficos se perdem, na maioria das vezes, quando se verificam descontinuidades devido a substituições e transferências de pessoal. Muito do que se tem feito nos centros culturais acaba por ter um impacto meramente pontual; fica o valor dos actos em si e o mérito dos seus protagonistas, mas perde-se o seu contributo para a construção de uma presença que deveria ter estabilidade, continuidade e prioridade institucionais.

É precisamente para se conseguir uma presença com estas características que é criado o Instituto Camões, que substitui o Instituto de Cultura e Língua Portuguesa (ICALP). Este instituto tem como objectivo declarado a coordenação de todas as acções de defesa, potenciação, desenvolvimento e promoção da língua e da cultura portuguesas no estrangeiro, e os institutos e os centros culturais que aí serão criados constituem, ou vão constituir, o instrumento principal para a definição dos objectivos e dos programas a desenvolver em cada país. O Instituto Camões propõe-se, em vários países, criar novos institutos e constituir uma rede local de instituições polarizadoras de manifestações culturais portuguesas – tudo isto com uma rentabilização dos meios humanos e financeiros de que o país dispõe. Em relação aos centros a criar no estrangeiro, eles deverão ter o apoio de organizações do país em que forem criados mas terão autonomia administrativa e financeira, e o Instituto assumirá anualmente contratos-programa. Cada delegação terá o seu próprio programa e o apoio de Lisboa será dado em função da dimensão desse programa. O Instituto não subsidiará qualquer delegação exterior mas custeará todas as iniciativas que forem feitas no campo da defesa e da promoção da língua e da cultura portuguesas. O programa de acções do Instituto Camões é definido por um órgão em que estão representados o Ministério dos Negócios Estrangeiros, a Secretaria de Estado da Cultura e o Ministério da Educação.

A criação do Instituto Camões obrigou a que fossem definidos e delimitados os domínios de actuação desta e das outras entidades estatais que operam nesta área. Assim, um acordo celebrado entre o entre o IC e o Instituto da Biblioteca Nacional e do Livro estabelece que os apoios à edição no estrangeiro e à tradução são da responsabilidade do primeiro, enquanto o segundo continuará a apoiar a edição em Portugal. Em relação à Secretaria de Estado da Cultura, o instituto coordenará com esta a execução das acções que se enquadram na política cultural do Governo. A SEC continuará também a responsabilizar-se pelas iniciativas culturais que se realizam no estrangeiro e que sejam inerentes à natureza dos seus próprios serviços e à tutela dos museus, da Biblioteca Nacional ou do Arquivo Nacional/Torre do Tombo. Com o Ministério dos Negócios Estrangeiros o instituto manterá uma colaboração privilegiada com a Direcção das Relações Culturais e com a Direcção Geral de Cooperação. Em relação a esta última, e no que respeita à cooperação cultural e ao fomento da língua portuguesa nos PALOP, o Instituto Camões passa a ter a seu cargo as atribuições dos centros culturais em matéria de língua e de cultura que até agora estavam consignados a esta direcção geral. O instituto assume também um regulamento de cooperação com os PALOP que existia no Ministério da Educação.

74   *Os Novos Descobrimentos*

O Instituto Camões previu para o Verão de 1993 o início de novos programas que obedecem a três objectivos principais: potenciação do ensino do português; apoio às escolas portuguesas com aumento do seu número, em colaboração com a DGC; e transformação de alguns dos centros já existentes em institutos de maior dimensão. Todavia, é a Europa, e mais concretamente a França, o objectivo prioritário nas futuras acções do IC. A este país, que tem uma importante população portuguesa, com destaque para os cerca de 300 mil jovens luso-descendentes, foi destinada a inauguração da primeira delegação do Instituto Camões no estrangeiro.

Das entidades privadas

A cooperação cultural no espaço lusófono não é praticada e assegurada unicamente por organismos estatais. Uma das organizações não governamentais que desenvolvem actividades nesta área é a Fundação Gulbenkian. Esta instituição conduz desde 1985 nos países africanos de língua oficial portuguesa dois projectos directa e indirectamente ligados à difusão do português, e que constituem o mais vasto e coordenado trabalho de cooperação no âmbito do ensino desenvolvido por entidades portuguesas nos Cinco: o «Projecto de Expansão e Melhoria Qualitativa do Ensino da Língua Portuguesa» e o «Projecto de Elaboração de Manuais Escolares». Ambos os projectos produziram já um considerável volume de materiais, parte deles já editados e outros ainda em fase de experimentação. Em cada país foi cumprida uma fase preliminar de estudo sobre o respectivo sistema educativo, a situação de cada área disciplinar abrangida e os recursos humanos e materiais disponíveis. Depois de produzidos os materiais, segue-se um período de experimentação e avaliação dos mesmos, durante o qual a fundação realiza missões para acompanhamento dos professores e promove acções de sensibilização e de formação.

Fazer o balanço destas actividades foi o pretexto para a realização na Fundação Gulbenkian, em Novembro de 1992, de um seminário sobre «O Ensino da Língua Portuguesa em África», que reuniu durante dois dias 35 especialistas no ensino e na difusão da língua e da cultura portuguesas. O seminário incluiu três conferências: «A Língua Portuguesa em África»; «Caminhos do Ensino do Português em África»; e «O Ensino da Literatura Portuguesa nos PALOP». A análise dos grandes cons-

Das palavras aos actos 75

trangimentos com que se debate o ensino da língua portuguesa nos novos países africanos, e a definição das políticas a adoptar para o melhorar, constituíram os objectivos deste seminário, em que a divulgação da língua portuguesa nos países da África lusófona foi considerada uma acção prioritária da fundação, e onde se estabeleceram também metas e objectivos para programas de apoio ao ensino da língua portuguesa em África.

Além da Gulbenkian, outra fundação, apesar de mais recente, tem desenvolvido um trabalho muito meritório no domínio da cooperação cultural no espaço lusófono: a Fundação Oriente. Criada em Março de 1988 com o estatuto de pessoa colectiva de direito privado, a Fundação Oriente foi considerada instituição de utilidade pública em Portugal e em Macau.

O objectivo prioritário, que levou à sua constituição e orienta a sua acção, é a continuidade e o reforço das ligações históricas e culturais entre Portugal e os países do Extremo Oriente onde a presença portuguesa se fez e faz sentir. Por isso, a fundação tem apoiado e organizado diversos projectos e iniciativas de carácter cultural, artístico, científico e filantrópico, em Portugal e em Macau, e também em países da área do Índico e do Pacífico de algum modo influenciados pela expansão portuguesa. Mais concretamente, e no campo da difusão cultural, o programa da fundação tem como objectivos a divulgação das raízes culturais e das expressões artísticas portuguesas no Extremo Oriente, e o apoio ao conhecimento na Europa, e especialmente em Portugal, da riqueza das civilizações orientais. Neste aspecto, têm-se destacado pela sua importância e diversidade os vários projectos concretizados nas áreas da edição, das exposições, da música, da dança, do teatro e do cinema.

A Fundação Oriente também tem procurado desenvolver o sector educativo, através do apoio institucional e financeiro a diversos organismos, ao intercâmbio de investigadores e a projectos de estudo e de investigação, e através da concessão de bolsas em cinco modalidades: doutoramento, mestrado, investigação, língua e cultura portuguesas, língua e cultura chinesas, e aperfeiçoamento artístico. Igualmente importante neste sector foi o apoio da fundação à criação de dois organismos fundamentais na sua estratégia de investigação e de difusão cultural: o Centro de Estudos Orientais, que tem por objectivo a análise da História do Oriente, em especial a que se refere a Macau e aos países onde permanecem marcas da presença portuguesa, e também o estudo das comunidades portuguesas no Oriente e das comunidades de luso-descendentes, nas vertentes étnica, linguística, cultural e social; e o Instituto Português do Oriente, que tem como objectivo a preservação e a difusão da língua e da cultura portuguesas no Oriente, contribuindo ao mesmo tempo para que Macau seja o centro da presença cultural de Portugal no Oriente e o local privilegiado do relacionamento Oriente-Ocidente.

Outra das grandes finalidades da Fundação Oriente é o estabelecimento de um estreito relacionamento com os países e as regiões de alguma forma abrangidos na rota marítima que ligou Portugal ao Oriente, nomeadamente Marrocos, Guiné, Angola, Moçambique, Quénia, países da região do Golfo Pérsico, e Malásia. A fundação dirige os seus projectos fundamentais para a investigação da história e das relações entre esses países e Portugal, contribuindo deste modo para a preservação dos valores culturais e para o fortalecimento dos laços ainda existentes.

Além destas duas fundações já existentes, e que têm desenvolvido desde há bastante tempo um vasto, diversificado e meritório trabalho, há a realçar a criação de uma outra, cuja inauguração e início de funcionamento foi previsto para 1994, aquando da realização da iniciativa «Lisboa Capital Cultural da Europa»: a Fundação Portugal-Brasil, ou, melhor dizendo, a Fundação Luso-Brasileira para o Desenvolvimento do Mundo de Língua Portuguesa. Esta nova instituição tem por objectivo estatutário o apoio à realização de iniciativas de carácter cultural, educativo, científico e empresarial, a serem concretizadas em Portugal e no Brasil e também nos outros países de língua oficial portuguesa, sempre que se coadunem com os seus interesses, e propõe-se ainda promover iniciativas nas comunidades de língua portuguesa no estrangeiro, em especial na Galiza.

Definida como uma «operação de sobrevivência» perante a eventualidade de a cultura portuguesa vir a ser absorvida pelas culturas da Europa Central, a Fundação Portugal-Brasil é também entendida como uma instituição integradora dos dois países. As condições propícias à sua viabilização, em termos de manutenção e continuidade, resultam de factores como a consolidação da integração de Portugal na Comunidade Europeia, e o reconhecimento do nosso país pelo Brasil como um parceiro privilegiado no processo de internacionalização da sua economia. Apesar de alguns e, por vezes, graves incidentes de percurso, o certo é que os investimentos brasileiros estão a atingir uma dimensão especialmente significativa. Se juntarmos a isto os processos de democratização, em alguns casos bastante problemáticos, dos países africanos

Das palavras aos actos 77

lusófonos, verifica-se que se está num momento ímpar da congregação lusófona, que é sublinhada pela criação desta instituição. A fundação surge como um mecanismo institucionalizado que procurará concretizar, de uma forma metódica e eficiente, o reconhecimento e a valorização dos patrimónios e das potencialidades dos dois países, e o desenvolvimento de uma acção cultural dinâmica e fecunda em prol da soberania e do progresso dos dois povos. Tudo isto no contexto de grandes alianças estratégicas efectuadas entre países que procuram impor padrões culturais.

Mas a cooperação e as relações culturais entre os países e os povos de língua oficial portuguesa não passam apenas pelas grandes instituições, e desenvolvem-se também a um nível mais individual. Uma prova disso mesmo foi dada, em 1989, pela realização em Lisboa do 1.º Congresso de Escritores de Língua Portuguesa, que abordou três grandes temas: o escritor e o processo cultural das nações; literaturas e línguas portuguesas no Mundo; o escritor e a profissionalização. Apesar de o congresso ter constituído fundamentalmente uma enorme e excelente oportunidade para se estabelecerem ou reatarem relações informais entre os escritores dos vários países lusófonos, não deixaram de ser feitas na altura diversas críticas à forma como esta iniciativa decorreu – que, para alguns, deveria ter sido designada como «encontro» e não como «congresso»: um enorme atraso na preparação da iniciativa – sete anos decorreram entre a ideia inicial e a sua concretização; uma certa desorganização; e uma reduzida ou mesmo nula participação por parte de alguns dos mais importantes escritores portugueses. Todavia, o congresso foi também importante pelas doze moções apresentadas, entre as quais são de destacar cinco: a felicitação do Governo brasileiro pela iniciativa da criação do Instituto Internacional de Língua Portuguesa, em relação ao qual se esperava que constituísse um meio de comunicação da cultura dos países lusófonos, apoiando iniciativas que promovessem o conhecimento das obras literárias e outros objectos culturais, e o diálogo e a circulação dos escritores no espaço de língua portuguesa; a recomendação, às associações que representam os escritores de cada um dos países, que defendessem os direitos dos autores, através da institucionalização do direito de autor, da adesão a convenções internacionais, da promulgação de legislação adequada e da criação de organismos para a sua gestão; a proposta do estabelecimento de isenções aduaneiras relativamente à importação de obras de escritores portugueses; e a proposta de criação de um «fundo de compensação» em moeda nacional de cada um dos países lusófonos constituído pelo lucro das vendas dos livros editados no estrangeiro, e que poderia vir a ser utilizado pelos editores para aquisições diversas em cada um dos países.

As comemorações dos Descobrimentos

Falar de comunicação e de cultura no espaço lusófono implica, necessária e inevitavelmente, falar das comemorações dos Descobrimentos Portugueses. Foram estas que, na verdade, relançaram o debate sobre este tema, constituindo invariavelmente um ponto de referência importante quando se trata de avaliar o estado, não só da cultura em Portugal – e da existência ou não de uma política cultural – mas também nos outros países lusófonos. Justifica-se pois uma referência, mesmo que breve, não só aos objectivos da respectiva comissão nacional, mas também – o que nos interessa mais – à forma de que eles se revestem nas acções com os países de língua portuguesa.

Quanto ao primeiro aspecto, é referida no «Plano de Acções a Médio Prazo» (1990-1995)» da CNCDP a necessidade de se proceder a uma reflexão sobre a conveniência de se encontrar uma solução que permita perspectivar e aglutinar as comemorações portuguesas como grande projecto nacional, desdobrado em duas vertentes fundamentais. Uma é o programa corrente para as comemorações, que na sua efectivação pretende contribuir para: a dinamização criativa da vida cultural portuguesa, realizada em coordenação com todos os parceiros nela interessados, nomeadamente as universidades, as autarquias, as escolas, os produtores culturais e as mais variadas instituições públicas e privadas com vocação institucional para tais fins; a promoção eficaz da imagem de Portugal no estrangeiro, através da difusão dos valores da cultura portuguesa, do seu sentido humanístico e do seu universalismo. A segunda vertente consiste numa sequência de grandes acontecimentos de projecção nacional e internacional a terem lugar no nosso país, e que constituam os pólos funcionais e espectaculares das iniciativas correntes no médio e no longo prazo. E tais acontecimentos devem ser programados tendo em vista:

1. A dimensão universalista dos Descobrimentos Portugueses enquanto meio difusor da civilização europeia e suporte de comunicação entre as diversas culturas e sensibilidades à escala planetária;

Das palavras aos actos

2. A selecção adequada das efemérides e a relevância do seu significado;
3. A integração da Expo 92 como elo «natural» a considerar também na sequência das comemorações portuguesas;
4. A necessidade de todas as grandes acções no estrangeiro serem reconduzidas a uma estratégia comum;
5. A especificidade das comemorações portuguesas em relação a outros processos comemorativos;
6. As possibilidades de acção coordenada com outros países, incluindo, evidentemente, os restantes países de língua portuguesa e a própria Espanha. *(Repare-se como a cooperação neste domínio com os países lusófonos aparece apenas em sexto lugar, sem um destaque evidente e merecido, e, para mais, integrados e ao mesmo nível de «outros países», incluindo, insolitamente, a Espanha)*;
7. A grande adesão internacional;
8. A importância cultural e científica, tão pluridisciplinar quanto possível;
9. A adesão do grande público à sua dimensão espectacular;
10. A rentabilidade (cultural, turística, promocional, comercial), quer no plano interno quer no externo.

No capítulo específico sobre as acções com os países de língua portuguesa, faz-se uma distinção entre os casos do Brasil e dos países africanos. Quanto ao primeiro, o maior destaque vai, naturalmente, para as comemorações dos 500 anos da viagem de Pedro Álvares Cabral, às quais se tem que conferir «a maior dignidade e dimensão». Embora este e outros grandes projectos que envolvem o Brasil tenham a sua data diferida para o fim do século (e, por isso, não são ainda desenvolvidos neste plano de acções a médio prazo), salienta-se que é imprescindível iniciar a negociação de programas relacionados com as comemorações. Neste sentido, estava previsto: a proposta, ao Governo brasileiro, da criação de uma comissão mista que elaborará um conjunto de propostas de âmbito cultural e comemorativo, a apresentar a ambos os Governos; a continuação dos contactos universitários e dos projectos de investigação e de edição que têm vindo a ser tratados com várias universidades e entidades brasileiras; a instituição, do lado português, de um departamento que possa funcionar como interlocutor quanto a tais projectos (refira-se, aliás, que o Conselho Científico da CNCDP conta com a presença de um especialista brasileiro – o que dificilmente pode ser considerado representativo de uma cooperação cultural alargada e aprofundada no espaço lusófono).

No que respeita aos países africanos de língua oficial portuguesa, considera-se indispensável a uma adesão às comemorações, para que estas obtenham a sua dimensão correcta e os parâmetros ideais, comemorar o encontro de povos, culturas e civilizações ocorrido a partir das navegações portuguesas. Assim, é dada prioridade à proposta de criação de comissões bilaterais encarregadas de definir os programas específicos a levar a cabo, e a celebração de protocolos, nomeadamente nas seguintes áreas: património histórico comum; investigação científica relacionada com o encontro civilizacional entre os povos respectivos; plano editorial; exposições, colóquios e seminários, com intervenção de especialistas dos respectivos países; actividades de animação cultural e produção de programas audiovisuais; manifestações desportivas, espectáculos, actividades juvenis e outras, adequadas à prossecução dos objectivos pretendidos; e intervenção internacional conjunta em áreas de interesse comum, como, por exemplo, na criação da figura dos «Itinerários Culturais da Humanidade», a propor à UNESCO e ao Centro para o Diálogo Norte-Sul do Conselho da Europa.

Neste capítulo é ainda referida a disponibilidade para apoiar institucional, logística e financeiramente uma «Associação de Historiadores de Língua Portuguesa», que, diz-se, poderá ter um papel da maior relevância para o desenvolvimento dos estudos historiográficos que interessam a todos os países que falam a língua portuguesa.

Cooperação no audiovisual

A possibilidade uma maior aproximação político-económica e cultural entre Portugal, Brasil e os PALOP deverá passar, naturalmente, por uma reflexão atenta sobre o papel da comunicação social neste domínio. Entende-se geralmente que a imprensa escrita, a rádio, a televisão ou o cinema podem e devem actuar no sentido de um estreitamento dos laços culturais destes povos, existindo vários exemplos interessantes do que tem sido realizado desde há vários anos, nomeadamente no que respeita à troca de informação noticiosa.

Numa tentativa de análise da intervenção da comunicação social na cooperação cultural, pode ser útil enunciar algumas questões pertinentes. Os «mass media» deverão ser instrumentos privilegiados da defesa, promoção e difusão da cultura portuguesa? Que benefícios concretos existem para ambas as partes nesse esforço de cooperação? Existirá uma tentativa de dominação cultural ou de imposição de modelos? Existirá, de facto, uma política de cooperação no audiovisual? Será a cooperação cultural com os PALOP apenas uma forma de valorização da posição geo-estratégica de Portugal na Comunidade Europeia ou uma catarse do passado recente, marcado por um colonialismo prolongado e por uma descolonização acelerada?

Não procuramos aqui as respostas; apenas pretendemos problematizar e demonstrar o que tem sido e o que pode ser realizado. É claro que nesta «aldeia global», num Mundo que necessita da livre circulação da informação para a sua própria sobrevivência (embora, por vezes, o acesso à informação possa ser desequilibrado), o efeito óbvio desta transnacionalidade da comunicação social é a aproximação de povos e de culturas, com as inevitáveis consequências positivas e negativas.

Sem descurarmos a importância da rádio e da imprensa escrita nesse «reencontro de culturas», nomeadamente os casos exemplares da RDP Internacional e do Jornal de Letras, as tribunas de opinião dos jornais ou a realização de congressos de jornalistas de língua portuguesa, vamos centrar a nossa análise no sector audiovisual e na sua intervenção no intercâmbio cultural, particularmente com os PALOP. Existem diversos modos de abordagem do assunto. A nossa sugestão é a de iniciarmos essa reflexão enunciando sinteticamente a política governamental para o sector, as expectativas e as actividades de organismos como o Secretariado Nacional para o Audiovisual, a Comissão Nacional para as Comemorações dos Descobrimentos Portugueses e a RTP Internacional.

Com o objectivo de valorizar a língua portuguesa, o Governo mostrou interesse na promoção de uma política para o audiovisual, como se pode verificar na Resolução do Conselho de Ministros N.º 2/90 (criação do SNA): «Em Portugal, o Governo reconhece a importância do audiovisual e pretende, por isso, conferir-lhe prioridade, tendo em vista assegurar a existência de uma política coordenada e integrada que valorize a língua e a cultura de expressão portuguesa.» Um objectivo que parece claro e que teve seguimento no discurso do primeiro-ministro, na tomada de posse de António Pedro Vasconcelos como coordenador do Secretariado Nacional para o Audiovisual, em 14 de Setembro de 1990. Aníbal Cavaco Silva elogiou a livre produção e circulação de produtos audiovisuais na Europa comunitária, sublinhando a necessidade de essa produção reflectir a diversidade de culturas, de modo a evitar «situações de dominância económica e cultural de um ou outro país.» No final do discurso, o primeiro-ministro aproveitou para lembrar a importância da comunidade de língua portuguesa e prometeu implementar «uma política que valorize a língua e a cultura de expressão portuguesa, aproveitando a autoridade e a capacidade de intervenção que a existência dessa vasta comunidade nos confere. Nesse sentido, temos aliás desenvolvido, e vamos continuar a desenvolver, as mais diversas acções de intercâmbio e cooperação com os países que, no Mundo, se exprimem em português, tanto no domínio da produção para televisão como do cinema. Creio, por isso, que o audiovisual será um precioso instrumento para estreitar ainda mais os laços tão profundos que nos unem a Angola, Cabo Verde, Guiné--Bissau, Moçambique, São Tomé e Príncipe e Brasil.»

Ainda no capítulo das intenções, o então coordenador do SNA, num relatório datado de 5 de Abril de 1991, preconizava algumas medidas sectoriais para o audiovisual português, nomeadamente para o cinema, das quais destacamos, na área da cooperação, o «alargamento à produção cinematográfica do fundo de apoio à co-produção com os PALOP estabelecido entre as respectivas televisões nacionais e a sua concretização»; a «reactivação do acordo de co-produção com o Brasil e do respectivo protocolo adicional»; e a «assinatura de uma convenção multilateral de co-produção entre os países de língua portuguesa.»

Relativamente aos PALOP, o SNA realizou, desde a sua criação até 1992, um diagnóstico da situação, um inventário de problemas. De acordo com a responsável pelo sector dos PALOP no SNA, Maria da Conceição Cunha, com quem contactámos no início de 1992, «exceptuando Cabo Verde, é difícil a situação dos outros PALOP que querem alargar o campo de identificação cultural», chamando a atenção para o facto de a maioria dos PALOP possuir uma raiz tribal, um factor a ter sempre em conta numa política de cooperação cultural. Esta responsável do SNA admitia que alguns dos países africanos de língua oficial portuguesa reagiam com uma certa cautela à disponibilidade de apoio português, porque «há quem veja nesse apoio uma jogada de Portugal para estratégias a longo prazo.» Por isso, o SNA defendia o estabelecimento de um acordo de co-produção multilateral com os Sete e a criação de um fundo financeiro aberto à iniciativa privada.

De qualquer modo, é conhecido que o objectivo inicial da criação do SNA foi o de tentar canalizar os fundos comunitários disponíveis em programas para o sector audiovisual como, por exemplo, o programa

MEDIA (Medidas de Encorajamento ao Desenvolvimento da Indústria Audiovisual), que visa o apoio à formação, pré-produção, multilinguismo dos programas e utilização das novas tecnologias, considerando ainda a necessidade de combater a insuficiência dos circuitos de distribuição e difusão dos produtos à escala europeia, a fragilidade das capacidades de produção de alguns Estados membros, e, sobretudo, a insuficiente rentabilidade das produções nacionais.

No plano das intenções, também a Comissão Nacional para as Comemorações dos Descobrimentos Portugueses se propunha estimular o audiovisual português quando anunciava, em 1991, através de um acordo com a RTP e com o SNA, um «pacote» de nove filmes – séries televisivas e longas metragens – com realização, por exemplo, de José Fonseca e Costa, João Mário Grilo e Paulo Rocha. No domínio da música, concretizaram-se projectos como os discos «Auto da Pimenta», de Rui Veloso, e «O Lusitano» (música do tempo dos Descobrimentos).

O comissário geral da CNCDP, Vasco Graça Moura, numa entrevista ao jornal Público de 20 de Novembro de 1992, admitiu que grande parte do programa inicial da Comissão era megalómano, desfasado da realidade e sem condições financeiras para promover condignamente o estudo sobre os Descobrimentos Portugueses, o que mereceu o oportuno comentário, nessa mesma edição do Público, do jornalista Carlos Câmara Leme, referindo-se concretamente ao domínio do audiovisual: «A Comissão pode apresentar uma folha de serviços mais convincente nos domínios da edição, na organização de colóquios e/ou exposições, na música, no teatro, e, de alguma maneira, nos projectos de investigação a decorrer. Não pode, porém, menosprezar – mesmo que para tal se defenda com a falta de meios – uma área tão importante como é a do audiovisual. A situação é tanto mais grave quanto os filmes ou séries que poderiam suscitar maiores expectativas poderão nunca sair donde estiveram: no papel e na cabeça dos cineastas.»

Um dos caminhos seria, certamente, estimular a realização de séries e de documentários para televisão, de divulgação internacional, sobre os costumes dos diferentes povos africanos, asiáticos ou ameríndios com quem os portugueses contactaram; as influências das suas culturas na ciência e cultura europeias; a situação actual desses países ou regiões. A condição necessária seria a de manter uma postura eticamente equilibrada, de tratamento antropológico, de honestidade científica e de respeito pela História, afastando tentações propagandísticas dos «feitos

84   *Os Novos Descobrimentos*

gloriosos», ainda na cabeça de muitos saudosistas das exposições coloniais dos anos 40.

A ligação de Portugal ao Brasil, aos PALOP, às comunidades de emigrantes e a outros territórios onde, teimosamente, ainda se regista a presença cultural portuguesa, deverá ser feita, como temos defendido, sem pretensões neo-colonialistas, para as quais não temos, nem nunca tivemos, qualquer vocação. No domínio do audiovisual, como noutras áreas, a «regra de ouro» deverá ser a da transparência de propósitos e a do respeito pelo outro, aproveitando, naturalmente, a vantagem comparativa da língua comum para implementar sadias relações culturais com esses «povos irmãos», expressão estafada que, contudo, deve ser sentida como verdadeira. Mas admitimos que esse espírito seja, por enquanto, apenas partilhado por poucos idealistas, entusiastas desta comunidade que «em português se entende». É o caso, entre outros, de Carlos Pinto Coelho, mentor do projecto RTP Internacional enquanto responsável pela Direcção de Cooperação e Relações Internacionais da RTP.

A Direcção de Cooperação da RTP desenvolveu um trabalho notável que se traduziu, entre outros méritos, no lançamento da RTPi e no apoio prestado, a todos os níveis, às televisões dos PALOP, nomeadamente através do envio gratuito de programas e de documentação, na construção de estúdios, oferta de equipamentos, formação profissional e assistência técnica. Em termos gerais, as áreas de competência deste departamento da televisão pública portuguesa abrangiam as relações com os PALOP e as televisões que emitem em português, nomeadamente as das comunidades de emigrantes, e ainda as relações «técnico-diplomáticas» da RTP com outras estações de televisão a nível mundial e com os organismos internacionais de televisão.

Um dos meios de implementação das relações com as televisões do espaço lusófono traduziu-se na proposta de criação da Organização das Televisões de Língua Portuguesa, que engloba estações televisivas de Portugal, Brasil, PALOP, Estados Unidos da América, África do Sul, Macau e Galiza (que solicitou a sua adesão ao projecto). A Direcção de Cooperação da RTP promoveu vários encontros de estações de TV de língua portuguesa desde 1988, uma forma de sensibilizar as outras estações de expressão portuguesa para as potencialidades do mercado audiovisual do espaço lusófono e de contrariar as «ofensivas» francesa, inglesa e espanhola, por exemplo, nos PALOP. Angola chegou a receber da TVE Internacional «régies», estúdios e câmaras. Em 1991, em São Tomé e Príncipe, grande parte das imagens do telejornal da estação

Das palavras aos actos 85

experimental eram fornecidas pelo Canal France Internacional, recebido via satélite através de uma antena parabólica instalada pelo governo francês, com o curioso pormenor de as traduções francês/português serem feitas por um tradutor a tempo inteiro pago também por Paris. A CFI é um exemplo de uma estrutura existente há vários anos, com uma estratégia bem montada... e um avanço implacável nos PALOP.

A resposta da RTP foi lenta, mas, pelo menos, foi executada. Em 1989, a Direcção de Cooperação enviou 600 horas de programas para África; em 1991, foram enviadas 3000 horas. Os programas mais pedidos pelos PALOP eram os infantis, os desportivos... e as telenovelas. Como nos confidenciou Carlos Pinto Coelho, no início de 1992 a relação da RTP com as outras estações dos PALOP era bastante boa, embora existissem posturas ou práticas diferenciadas de acordo com as especificidades de cada estação televisiva. Por exemplo, Angola não precisava tanto do apoio da RTP a não ser na formação profissional e no fornecimento de programas; casos diferentes eram as estações de Moçambique ou de São Tomé e Príncipe, para as quais se forneceu tudo, desde a construção de edifícios e estúdios ao fornecimento de equipamentos e de formação profissional. Além disso, admitia o então responsável pela Direcção de Cooperação da RTP, Angola tinha mais complexos na relação com a RTP do que os outros PALOP porque tinha maior capacidade económica, o que lhe permitia recusar programas ou até acompanhar Portugal na compra daqueles nos mercados internacionais.

Carlos Pinto Coelho confessava mesmo alguma desilusão quanto ao sector em termos gerais: «Há uma lamentável dispersão na área da cooperação; aliás, a cooperação só existe teoricamente.» Contudo, nunca se deveria desistir de apoiar os países e as comunidades que se expressam em português, considerando também os interesses de outros países europeus nessa área. Nessa estratégia de «contra-ofensiva», a Direcção de Cooperação e o Centro de Formação da RTP ofereciam às televisões dos PALOP bolsas de programas e cursos de formação profissional, além de procurarem incentivar a realização de co-produções. Aquando da criação da OTLP a situação era clara: os PALOP esperavam receber programas gratuitos; o poderoso Brasil queria conquistar novos mercados e despender o menos possível, fornecendo para essa bolsa apenas os programas que não conseguia vender; Portugal também pretendia reforçar a sua posição no mercado dos Sete promovendo a língua e a cultura portuguesas. Era, então, visível a necessidade de uma maior comunicação entre as estações televisivas de expressão portuguesa.

Durante o III Encontro das Televisões de Língua Portuguesa foi simbolicamente realizada uma emissão conjunta, concretizada num programa intitulado «Em Português nos Entendemos», uma iniciativa interessante que, todavia, teve algumas falhas, aliás logo apontadas, por exemplo, pela imprensa moçambicana nesse mês de Setembro de 1992. Mas, ainda em 1991 e antes do início das emissões da RTP Internacional, a RTC propunha a constituição de uma «régie» transnacional de vários meios, uma verdadeira central de venda de publicidade para os PALOP, Brasil e Portugal. Po outro lado, intensificava-se o esforço de cooperação dos operadores públicos na área das telecomunicações, nomeadamente dos CTT, TLP e da Marconi; e a AICEP, a associação dos operadores de correios e de telecomunicações dos países de língua oficial portuguesa, propunha a criação de um sistema integrado de informação e formação para benefício dos seus associados.

Finalmente, a 21 de Fevereiro de 1992 era criada a RTP Internacional, com o objectivo de «difundir a língua e a cultura portuguesas junto das nossas comunidades dispersas pelo Mundo, acentuando a penetração cultural portuguesa em áreas particularmente importantes.» Com um orçamento anual de cerca de dois milhões de contos, e contando com a transmissão via satélite da Marconi, a RTPi iniciava as suas emissões no simbólico dia 10 de Junho (desse mesmo ano de 1992). Cinco horas de emissão nos dias úteis, sete ao sábado, nove ao domingo, para África, Europa e Ásia, um velho sonho concretizara-se. Ironicamente, Carlos Pinto Coelho, o homem que durante anos trabalhou para a concretização do projecto, já havia abandonado as suas funções na Direcção de Cooperação e Relações Internacionais. Uma das muitas histórias mal contadas da televisão pública portuguesa.

De acordo com o gestor da RTPi Afonso Rato, em declarações prestadas à revista Grande Plano (editada pela RTP) na edição do segundo trimestre de 1992, «a RTPi é, antes de tudo, um serviço de interesse público, ao proporcionar aos portugueses no estrangeiro o acesso ao canal de televisão da sua língua materna.» Uma das linhas de orientação seguidas na RTPi é «tratar as comunidades portuguesas como gente», considerando os pedidos dos emigrantes, exemplificados nas expressões «não nos dêem programas para emigrantes» ou «nós não somos portugueses de segunda». Recados mais do que explícitos para a existência de uma programação de qualidade.

Apesar dos custos elevados das antenas parabólicas, das dificuldades de negociação da transmissão da RTPi nas rede de cabo europeias ou da polémica gerada pela possibilidade de transmissão das emissões da RTPi nos canais locais das comunidades portuguesas nos EUA, a RTPi tem recebido manifestações de interesse de um numeroso público sedento do reencontro com programas televisivos de expressão portuguesa, e não é por acaso que nos «tops» de audiência estão os programas desportivos, informativos, infantis e telenovelas de produção maioritariamente portuguesa. Além disso, os índices de audiência para aumento de publicidade não deverão ser descurados. Como refere Afonso Rato (na mesma publicação referida acima), «no mercado concorrencial em que a RTP vive, dentro e fora do país, é crucial procurar tirar todo o rendimento possível dos investimentos feitos pela empresa», especialmente no que respeita aos custos de transmissão dos satélites Eutelsat II F3 (Europa), Galaxy 3 (EUA, Canadá e Venezuela) e Statsionar 12 (África, Ásia e parte da Oceania).

Rentabilizar produções de qualidade e sucesso, entreter, informar e promover a difusão da língua portuguesa têm sido os objectivos estratégicos da RTPi, concretizados em programas como «Rua Sésamo», grande sucesso em África; o projecto «Língua Viva»; «Em Português nos Entendemos», que esteve no ar entre Setembro de 1992 e Março de 1993; ou ainda a transmissão dos diversos programas informativos da RTP, nomeadamente o «Telejornal». Na actual grelha da RTPi, de cerca de seis horas diárias de programação (excepto ao fim-de-semana), importa também, por exemplo, praticar o próprio conceito de cooperação e transmitir programas produzidos pelas redes de televisão africanas. Segundo Afonso Rato, «as relações da RTP com a TPA de Angola, com a TVE de Moçambique, com as estações de São Tomé e Príncipe, Guiné e Cabo Verde regem-se agora pelo "conceito UER": cada estação é soberana nas suas decisões mas, sempre que duas ou mais empresas colaboram num projecto concreto, há uma mais valia para todo o sistema de televisão de língua portuguesa.»

O reforço da aposta na promoção da língua e cultura portuguesas proporcionado pela RTPi deverá ainda integrar o desenvolvimento de projectos no domínio tecnológico, como o projecto do satélite português PO-SAT 1, desenvolvido pelo Prof. Carvalho Rodrigues, do Laboratório Nacional de Engenharia e Tecnologia Industrial. Este projecto envolve ainda o Instituto Superior Técnico, Ministério da Defesa, Marconi e Sonae Investimentos, entre outras entidades e empresas. Ainda a título de exemplo, convirá não esquecer que o cabo submarino de fibra óptica da

Marconi, que liga Portugal a África, possibilita comunicações digitais de elevada qualidade e com boas potencialidades de utilização.

As diversas iniciativas de cooperação na área das comunicações, e do audiovisual em particular, não se esgotam nestas linhas. Esta é apenas uma perspectiva sobre alguns projectos que nos mereceram destaque e que deverão ser objecto de reflexão por parte de todos os interessados pela problemática da cooperação de Portugal com os PALOP e o Brasil, e do reforço da promoção da cultura portuguesa nos países que albergam as comunidades de emigrantes, ou nas múltiplas regiões onde ainda persistem marcas dessa mesma cultura.

*(De: **Luís Ferreira Lopes** e **Octávio dos Santos**; inédito; escrito entre 1991 e 1993)*

Vozes pela lusofonia: propostas de estratégia para o «reencontro de culturas»

A promoção da cultura lusófona no Mundo é, para alguns, um projecto megalómano. O sonho da Comunidade Luso-Afro-Brasileira, preconizada por Barradas de Carvalho, puro irrealismo. A metáfora da «jangada de pedra» de Saramago, herege utopia. Para muitos dos actuais detentores do poder político em Portugal, mais do que defender a língua ou investir na cultura, o objectivo supremo, a prioridade máxima do desenvolvimento do país passa, sobretudo, pela captação dos desejados fundos comunitários e a sua aplicação em projectos bem mais visíveis e com melhores resultados a curto prazo.

Às portas do século XXI, que papel caberá aos países da lusofonia? Procurar «respostas pragmáticas», uma reflexão sobre as propostas governamentais para a cultura, a promoção da língua no exterior, ou a cooperação com os outros países e as comunidades que ainda se expressam em português, é procurar algo que, praticamente, não existe. É descobrir, sob o manto diáfano da propaganda e das obras de fachada, a inexistência de uma estratégia clara para o futuro de Portugal. E são muitas as questões levantadas por quem ainda se atreve a pensar; talvez o nosso tão real «oásis hipotecado» obrigue aqueles que ainda têm alguma lucidez intelectual a ousar discordar ou – terrível «sacrilégio»! – duvidar da pretensa estratégia de desenvolvimento do país apresentada pelo actual Governo.

O objectivo desta reflexão é comprovar a existência, em Portugal e noutras paragens onde se pensa e se fala em português, de uma corrente de opinião, forte e válida, que propõe uma viragem de Portugal para o hemisfério sul, sem abandonar o projecto comunitário europeu e valorizando a posição geo-estratégica de oito séculos de identidade na Europa.

Não pretendemos analisar os vários discursos proferidos – independentemente do contexto espaço-temporal e dos posicionamentos ideológicos, por políticos e intelectuais – sobre a vantagem de uma grande aposta na cultura da lusofonia, nem tão pouco estudar as questões do «ser português», de uma certa filosofia da «portugalidade», mas simplesmente demonstrar que são mesmo muitas as vozes discordantes quanto ao actual rumo de Portugal. Se os portugueses não se podem dar ao luxo de falhar a década de 90, se não temos mais tempo para desperdiçar, precisamos de sair desta encruzilhada, deste labirinto (não da saudade mas sim da falta de estratégia) com toda a urgência e lucidez. A par desta corrente de opinião, permitimo-nos defender, uma vez mais, uma proposta talvez mais ousada do que as sugestões feitas nesse conjunto de testemunhos que recolhemos.

A viragem para o sul

Como já havíamos defendido em 1988, num artigo publicado no jornal Diário de Notícias[1], é necessária uma mudança estratégica e político-cultural de Portugal, através do aumento da solidariedade entre todos os povos ligados pela nossa cultura comum, beneficiando do entendimento e da identificação entre estes povos, em todos os domínios, muito especialmente numa política cultural devidamente estruturada. Assumindo os erros do passado e procurando ultrapassar os complexos e os traumas que ainda perduram entre as partes, Portugal poderia propor, num debate profundo e sincero, a congregação dos países e dos povos que têm em comum a língua portuguesa numa organização supranacional, de âmbito cultural e económico, num espaço alargado para uma circulação livre e equitativa de pessoas, bens e ideias, que possibilitasse uma cooperação séria e um desenvolvimento a todos os níveis para os membros dessa «Lusaliança».

A proposta de uma relação institucionalizada, permanente e intensa com os países de língua oficial portuguesa tem implícito o objectivo de construir uma nova maneira de ser e de pensar, de estar e de agir no Mundo, que perdure para o novo século e o novo milénio, quer para Portugal quer para os outros países que ainda se expressam na nossa língua e comungam dos nossos valores culturais. Um bom exemplo dessa proposta de relação institucionalizada, porventura mais sólida do que a retórica da «amizade dos povos irmãos» é o projecto da diplomacia

---

[1] LOPES, Luís Ferreira, e SANTOS, Octávio dos, «Os Novos Descobrimentos», *DN Magazine*, 1988/12/18, pp. 22-30.

brasileira de impulsionar a criação de uma Comunidade dos Povos de Língua Portuguesa. O projecto foi divulgado no primeiro trimestre de 1993 às autoridades portuguesas e aos países africanos de língua oficial portuguesa pelo então embaixador brasileiro em Lisboa, José Aparecido de Oliveira, e constitui, de alguma forma, uma resposta do Brasil aos incidentes diplomáticos registados em Portugal no início de 1993. A diplomacia brasileira a marcar pontos perante a falta de visão dos «estrategas» nacionais – que só agora se preparam para analisar a proposta.

A verdade é que é muito difícil falar de cooperação nas áreas da cultura e da comunicação no espaço lusófono e, logo, de uma política definida, estruturada e articulada nesse âmbito quando, como é o caso, não existe em Portugal – o país que originou a língua que constitui afinal o principal elo de ligação entre todos estes países e povos – uma política cultural digna desse nome, com objectivos precisos e assente numa estratégia bem delineada.

É fácil constatar que os projectos e as acções que existem no domínio da cooperação cultural assumem, quase na totalidade, um carácter e uma dimensão parcelar e isolada. Apesar de existirem várias instituições e entidades, públicas e privadas, interessadas e empenhadas nesta área, e que a ela têm dedicado – com maior ou menor regularidade e alcance, com maiores ou menores recursos financeiros – uma série de projectos e de acções concretas, a sua actividade acaba por ser condicionada, se não prejudicada, por vários factores. O mais evidente é a inexistência de uma articulação, de uma conjugação eficiente de todas essas iniciativas, que as valorize e rentabilize. O pior é que a não existência desta articulação e conjugação acaba por acentuar ainda mais as fraquezas e as limitações dessas iniciativas, aumentando-as por vezes até a um ponto em que se torna muito difícil, talvez mesmo impossível, o seu desenvolvimento ou até a sua mera manutenção. Muitas destas iniciativas dependem, muitas vezes, da «carolice», da vontade um ou poucos indivíduos; e quando estes são substituídos ou afastados disso resulta, quase sempre, se não o fim desse projecto, pelo menos a sua modificação ou até adulteração.

A cultura da ostentação

Na verdade, o que se verifica é que áreas e actividades essenciais da nossa identidade cultural continuam a estar demasiado dependentes dos caprichos dos políticos. Porém, tal não significa que não exista por parte do Estado uma grande preocupação com a cultura. Convém no entanto saber de que «cultura» é que estamos a falar, de que forma ela é entendida, praticada e defendida. E para certas instâncias oficiais a cultura, os actos e as actividades culturais resumem-se invariavelmente a objectos e a ocasiões de ostentação, de «decoração», de suporte de prestígio para os que dominam política e economicamente a sociedade portuguesa. Logo, se a perspectiva predominante é a que entende a cultura como um conjunto de actos isolados e não como uma base permanente de entendimento, de enriquecimento, de desenvolvimento dos países e dos povos, não é lógico esperar que seja concebida e concretizada uma política cultural minimamente consistente e abrangente, tanto de incidência nacional como internacional.

Poder-se-á argumentar que não é tanto assim; que têm sido realizadas diversas iniciativas em que Portugal participa ou mesmo organiza, e que têm servido para difundir além fronteiras diversos valores da nossa cultura. Porém, quase todos esses acontecimentos estão à partida condicionados, se não mesmo desvirtuados, por dois factores: primeiro, a necessidade de responder e/ou de acompanhar iniciativas congéneres de outros países; segundo, o recebimento de financiamentos estrangeiros, nomeadamente comunitários. Dito de outro modo: praticamente só fazemos alguma coisa pela nossa cultura quando os outros o fazem ou quando eles nos dão dinheiro!

Um exemplo do primeiro tipo é dado, sem dúvida, pelas comemorações dos Descobrimentos Portugueses, nas quais se pode incluir a presença portuguesa na Exposição Universal de Sevilha. Não temos muitas dúvidas de que, se por uma hipótese absurda, os espanhóis não tivessem comemorado a viagem de Colombo, e com a grandeza e o impacto com que o fizeram, as nossas comemorações limitar-se-iam muito provavelmente a meia dúzia de sessões solenes, colóquios e debates. Aliás, era essa a tendência quase exclusiva no início, e que ainda não foi completamente superada.

Um exemplo do segundo tipo é, sem dúvida, a elaboração de uma política nacional para o audiovisual, para a qual foi constituído o Secretariado Nacional para o Audiovisual: foi preciso que a Comunidade Europeia criasse um programa chamado MEDIA, com vários subprogramas que visam o apoio à produção, realização e exibição de filmes, para que as entidades oficiais se decidissem, finalmente, a apoiar o audiovisual em Portugal – e a aproveitar uma parte reduzida dessas verbas para a cooperação audiovisual com os países africanos lusófonos. Ironicamente, algum tempo depois de termos entrevistado o Prof. Artur Anselmo, então presidente do ex-Instituto Português do Livro e da Leitura, sobre as dificuldades da actividade editorial em Portugal e os seus reflexos nas acções de cooperação com os países lusófonos, tivemos conhecimento da criação de um novo projecto comunitário, denominado «Campanha Europeia de Sensibilização do Público para o Livro e a Leitura». A partir de agora ficamos à espera da criação de um programa comunitário que tenha como objectivo apoiar a produção e a difusão da música europeia...

Todavia, estes factores acabam por não ser os mais graves no que se relaciona com as questões da existência ou não de uma política cultural em Portugal, e do carácter e da dimensão da cooperação cultural com os países lusófonos. Apesar das acções de entidades como a Fundação Gulbenkian e a RTPi, o que é extremamente grave e preocupante é, precisamente, o facto de a cooperação e o intercâmbio cultural no espaço lusófono não constituir a principal prioridade (nem a segunda, nem a terceira, nem a quarta...) dos actuais dirigentes políticos. A grande prioridade é a Europa, a integração europeia, a União Europeia; e a Europa é a grande prioridade, não só aos níveis político e económico mas também ao nível cultural. É por isso que, nesse sentido, em praticamente todos os grandes acontecimentos culturais em Portugal tem participado ou mesmo organizado, o objectivo principal, declarado, explícito, tem sido o de sublinhar a importância histórica de Portugal na construção da Europa, da civilização europeia, da identidade europeia.

A nossa grande riqueza cultural, traduzida principalmente em tudo o que foi feito na época das Navegações, tem vindo a ser usada como «moeda de troca», como «cartão de visita» da nossa entrada na Comunidade Europeia; como uma forma de tentar ocultar, ou pelo menos atenuar, o nosso «atraso» em relação aos países mais ricos da Europa e a nossa dificuldade em alcançá-los. Esta «estratégia», que comporta alguns perigos, manifesta-se não só em acontecimentos como a Europália mas também nas próprias comemorações dos Descobrimentos – nos objectivos destas e nas muitas declarações oficiais que têm sido proferidas sobre este tema.

É em grande parte devido a esta «aposta europeia» que têm sido negligenciadas, ou pelo menos subestimadas, as relações culturais com o Brasil, as acções de cooperação com os países africanos lusófonos, as iniciativas de preservação da presença portuguesa na Ásia, o apoio às comunidades de emigrantes espalhadas pelo Mundo. E não temos muitas dúvidas de que este panorama desolador actual só poderá ser modificado efectivamente quando houver alterações significativas na orientação e nas prioridades políticas – o que implica também, quase inevitavelmente, a substituição dos actuais dirigentes políticos. Só se começará a avançar decisivamente no caminho certo quando estiverem à frente dos destinos deste país pessoas que compreendam e aceitem verdadeiramente que Portugal tem mais condições, possibilidades e vantagens em se afirmar ao nível mundial do que ao nível europeu.

A troco de muitas centenas de milhões de contos, que nunca se sabe muito bem como são aplicados, o Governo está a permitir que o nosso país seja transformado numa nação de pedintes, de incapazes, de desempregados. Portugal já não é senhor da sua terra e do seu mar: na agricultura, somos esmagados por uma concorrência estrangeira muito forte; nas pescas, somos obrigados a deitar fora o que apanhamos. Graças à União Europeia, Portugal está a comemorar os Descobrimentos a destruir os seus barcos e a enfraquecer a sua ligação ao mar. Mas isto até nem é o pior que nos vem dessa grande ilusão chamada Europa. A entrada em vigor do Tratado de Maastricht – que implica, entre outras disposições, a restrição e mesmo a proibição da entrada e circulação de cidadãos estrangeiros não comunitários na «fortaleza europeia» – significou de facto e na prática a legitimação de atitudes e comportamentos racistas e discriminatórios de todo o género. Em Portugal, mercê da obediência cega do Governo aos ditames comunitários, a aplicação destas normas restritivas, que nada têm a ver com a nossa maneira de ser, está a pôr em causa, irresponsavelmente, as nossas relações seculares com os povos de expressão portuguesa.

Para além do rápido acompanhamento do processo de criação da Comunidade dos Povos de Língua Portuguesa, consideramos que seria de extrema importância e utilidade, ao nível nacional, a criação de um organismo que poderíamos designar como «Conselho Permanente de Concertação Cultural». À semelhança do seu congénere da concertação social teria como finalidade reunir todos os principais agentes e intervenientes da cultura em Portugal, públicos e privados, de modo a permitir uma articulação eficiente de todas as entidades envolvidas em actividades culturais na discussão, elaboração e aplicação, consensual e globalizante, de iniciativas, soluções e acções para os diversos problemas que a cultura enfrenta no nosso país.

Já não nos resta muito tempo até atingirmos um ponto em que a situação de degradação da nossa presença cultural no Mundo será praticamente irreversível. Entretanto, esperemos que os dois acontecimentos fundamentais que vão ter lugar em Portugal até ao final deste século constituam o pretexto, a oportunidade e o incentivo para que se procedam a verdadeiras e necessárias mudanças de estratégia: Lisboa Capital Cultural da Europa; e Expo 98.

Fechar o mar com uma parede

A «equação portuguesa» apresentada por Vicente Jorge Silva, director do jornal Público, é um exemplo interessante da análise feita sobre a falta de estratégia política e cultural do nosso país. «Portugal é demasiado pequeno e periférico para poder ousar altos voos? Ou precisamente porque é pequeno e periférico não lhe resta outra alternativa senão essa ousadia? Devemos conformar-nos a uma estratégia defensiva para não sermos diluídos na grande nebulosa europeia ou precisamos de uma estratégia ofensiva para não desaparecermos do mapa? (...) Só a articulação entre o destino europeu e a comunidade afectiva e linguística com o espaço lusófono pode ser vantajosa para Portugal, para os países que se inserem nesse espaço e, finalmente, para a própria Europa. Esta equação tem, decerto, numerosas e complexas incógnitas. Mas, se não a soubermos resolver, ficaremos reféns irremediáveis de uma história que nos poupará à tal ousadia de nos "pormos em bicos de pés" – porque nela perderemos definitivamente o pé...»[2]

O discurso da defesa da língua e da cultura, de uma maior aproximação entre os povos da lusofonia, é transversal, por vezes, aos diversos posicionamentos políticos e ideológicos, independentemente do tempo e do espaço e das interpretações que possa ter. O certo é que sempre que se acentua a necessidade de se passar urgentemente das palavras aos actos, no que respeita, por exemplo, a um maior conhecimento entre Brasil e Portugal, sublinha-se afinal uma «urgência já secular».

Acerca das vantagens da aproximação entre Portugal e Brasil, Alexandre Herculano escrevia na revista Panorama, em 1837, este curioso e actualíssimo testemunho: «O nosso povo não conhece isto inteiramente; ainda não percebe até que ponto a fraternidade com os seus irmãos de além-mar lhe pode ser vantajosa. Afiguram muitas pessoas o Brasil como um país ainda inculto e bárbaro; crêem que a civilização, as artes e os

---

[2] SILVA, Vicente Jorge, «A equação portuguesa», *Público*, 1991/5/3, pág. 2.

cómodos da vida são apanágio só dos europeus. Erro miserável que cumpre derrubar pelo pé. Importa fazer saber ao povo a verdade e destruir preocupações vãs que só servem de transviar o espírito público do que lhe pode ser proveitoso.»[3] Quase um século depois, em 1920, num artigo intitulado «Intercâmbio luso-brasileiro» publicado num jornal carioca, Ronald de Carvalho afirmava que «nem Portugal pode prescindir do Brasil, nem o Brasil, por mais jovem e vigoroso, pode substituir Portugal. Ambos se completam na comunidade da língua e na diversidade do génio.»[4] Apesar disso, Adriano Moreira considerava, num texto datado de 1967, que «existem aspectos importantes de divergência entre a imagem corrente e a realidade no que respeita ao reconhecimento recíproco e à acção em face de terceiros.»[5]

Um outro ex-ministro do antigo regime, José Hermano Saraiva, discursando no Rio de Janeiro em 1973, sustentava que «durante século e meio permaneceu viva no coração dos portugueses e dos brasileiros a aspiração de uma grande comunidade transnacional e transcontinental, constituída pelos povos de língua portuguesa que vivem sob os céus da Europa, da América, da África e da Ásia. Comunidade que constituiria a segunda organização política do Mundo em termos de extensão geográfica absoluta, mas a primeira em termos de extensão de terra habitada, de recursos naturais, de valor estratégico e de presença mundial.»[6]

Num contexto político e temporal bem diferente, e certamente com outros propósitos políticos, Guilherme de Oliveira Martins escrevia em 1990, depois de regressar do Rio de Janeiro, que «é fundamental que as potencialidades do relacionamento luso-brasileiro sejam exploradas e desenvolvidas através de iniciativas múltiplas com objectivos comuns bem definidos. (...) Há que saber ir mais além e criar linhas efectivas de comunicação, de solidariedade, de troca de experiências, de intercâmbio de ideias, de discussão de interesses, de aprofundamento do que é susceptível de nos unir e daquilo que nos separa. É essencial pôr um ponto final ao culto dos equívocos. E no caso português só tem sentido falar

---

[3] HERCULANO, Alexandre, Revista Panorama, 1837, citado por Maria de Lourdes Belchior em *Temas Portugueses e Brasileiros*, Luís Forjaz Trigueiros e Lélia P. Duarte, ICALP, 1992, pág. 362.

[4] CARVALHO, Ronald de, «Intercâmbio luso-brasileiro», *O Jornal* (Rio de Janeiro), 1920/10/3, citado por Arnaldo Saraiva, idem, pág. 172.

[5] MOREIRA, Adriano, «Aspectos negativos da imagem recíproca de Portugal e Brasil», 1967, idem, pág. 41.

[6] SARAIVA, José Hermano, «Discurso aos juristas do Brasil», 1973, idem, pág. 293.

Vozes pela lusofonia: propostas de estratégia para o «reencontro de culturas» 97

de vocação euro-atlântica se começarmos por tentar perceber o Brasil, o seu presente e o seu futuro, tal como é e não como gostaríamos que fosse. E vice-versa...»[7] Guilherme de Oliveira Martins, num outro artigo datado de 1989, interrogava: «Pátria linguística? Pátria ampla, no sentido pessoano, em pedaços repartida, em nações multiplicada? Ser-nos-á dado compreender que nenhuma dessas ideias poderá ter sequência prática e realista se não houver orientação estratégica, se não houver vontade, acção e mobilização de sentimentos? O espontaneísmo não basta. As invocações meramente idílicas também não.»[8]

Como assinalou Boaventura de Sousa Santos, a atitude terá de ser diferente. Referindo-se à decisão governamental de restringir a entrada de brasileiros em Portugal, em artigo publicado no início de 1993, este sociólogo chama a atenção para o facto de que «se hoje mais brasileiros demandam Portugal que portugueses o Brasil, o contrário sucedeu no passado e pode vir a suceder no futuro. Será estultícia fechar o mar como quem ergue uma parede, descurando que amanhã poderá ter de a trepar.»[9]

Nos discursos tudo bem

José Augusto Seabra salientava, em 1988, que quando se fala, com cada vez maior insistência, nos diálogos Norte-Sul ou Leste-Oeste, não se trata já de meras fórmulas mágicas ou rituais. «Para lá das segundas intenções geopolíticas, que muitas vezes dominam as relações bilaterais ou multilaterais entre os Estados, o que está em causa é a necessidade premente de recorrer às mediações interculturais, para superar os conflitos e delinear uma cooperação fecunda, no quadro de um equilíbrio tendente ao desenvolvimento e à paz.»[10] Na opinião deste autor, o papel de alguns países aparentemente menos em evidência torna-se, neste contexto, precioso, pela sua vocação e predisposição especial para o interculturalismo. É o caso de Portugal, que pode ser apresentado como exemplo histórico por excelência de medianeiro entre civilizações.

---

[7] MARTINS, Guilherme de Oliveira, «A acção e a palavra pensada», *Diário de Notícias*, 1990/7/20, pág. 7.

[8] *Idem*, «País pequeno, potência linguística», *idem*, 1989/9/15, *idem*.

[9] SANTOS, Boaventura de Sousa, «Carta de Coimbra», *Folha de São Paulo*, 1993/2/4.

[10] SEABRA, José Augusto, «Portugal e o diálogo entre as civilizações e as culturas», *Diário de Notícias*, 1988/8/14, pág. 14B.

José Augusto Seabra acredita que, nesta viragem de século, Portugal encontra-se bem situado para, nas primeiras linhas da modernidade cultural, científica e tecnológica, «retomar a sua tradição histórica das Descobertas sem passadismos serôdios mas numa postura prospectiva, empreendendo activamente o que Pessoa chamava as "alianças civilizacionais", como medianeiro que é entre civilizações diferentes nas suas matrizes mas que têm como horizonte a construção da "civilização do universal" feita do respeito e da fraternidade entre os povos.»[11] E pergunta se não é prova disso mesmo a cooperação que – apesar de ressentimentos recentes mas felizmente já superados – se tem processado entre Portugal e os países africanos de língua oficial portuguesa. Mas este autor lembra também que, para que o nosso país possa dispor dos meios necessários para cumprir essa missão, é imprescindível que as nossas instituições culturais e científicas, públicas e privadas, com intervenção nesta área complexa, procedam ao levantamento, estudo e difusão de toda a documentação relativa à dispersão antropológica dos portugueses pelo Mundo.

É pois indispensável, na sua perspectiva, que os departamentos e centros de investigação competentes das nossas universidades levem por diante projectos tendentes a despertar nos nossos estudantes, docentes e investigadores o interesse pelo conhecimento das nossas relações culturais internacionais, e em especial daquelas que Portugal construiu ao longo da sua história com outras civilizações, enriquecendo a nossa língua e a nossa cultura com a multiplicidade de vozes que nela ressoam. Para José Augusto Seabra, «a cooperação multilateral é (...) a chave da potenciação da nossa vocação para o diálogo entre as civilizações e as culturas.»[12]

Porém, o que se tem verificado é que os actos ficam muito aquém das palavras. Como afirmou Luís Moita num artigo publicado em 1990, «nos discursos tudo bem: repetem-se as proclamações sobre a importância da afirmação cultural por parte de um país que, sendo pequena potência, não tem meios financeiros para competir em outras áreas.»[13] Mas, como refere este autor, os factos estão muito distantes das intenções declaradas; e menciona as «inglórias lutas de décadas» para levar o ensino da língua portuguesa às novas gerações das comunidades de emigrantes. Não se investe suficientemente na dotação de meios humanos e

---

[11] *Idem.*
[12] *Idem.*
[13] MOITA, Luís, «A promoção da língua portuguesa», *Público*, 1990/10/19, pág. 13.

Vozes pela lusofonia: propostas de estratégia para o «reencontro de culturas» 99

materiais. E se em países como a França e a Alemanha as carências são de toda a ordem, elas são piores em comunidades mais distantes e dispersas, para não falar da manifesta e continuada incapacidade de resposta aos pedidos que vêm do lado africano. E segundo Luís Moita, o problema não se restringe ao espaço da lusofonia: «Nas universidades estrangeiras é reduzido o número de leitores de português. Para a difusão da nossa língua não existe nada de parecido com o Goethe Institut para o alemão, o British Council para o inglês ou a Alliance Française para o francês, que se espalham por capitais de meio mundo e chegam a prestar cursos gratuitos em países menos desenvolvidos.»[14] Talvez o novo Instituto Camões venha colmatar essa lacuna.

Na opinião deste autor, uma política da língua tem de ter em consideração os três círculos concêntricos em que a questão se desdobra: o português como língua materna; o português como língua oficial; e o português como língua estrangeira. O primeiro diz respeito aos portugueses, dentro e fora do território nacional, à maioria dos brasileiros e a alguns africanos; o segundo círculo refere-se ao português como segunda língua, havendo outra materna mas nem por isso deixando de ser o português língua nacional; no terceiro círculo enquadra-se a expansão da língua para além do espaço da lusofonia. Cada um destes círculos supõe metodologias próprias e didácticas adequadas; seria incorrecto confundi-los e trata-los tecnicamente por igual. Quanto mais salvaguardada for esta distinção, maior terá de ser a concertação de esforços.

De tudo isto se deduz que são precisas, mais do que medidas de prestígio, acções profundas e continuadas de promoção da língua portuguesa. Muitas delas são compatíveis com meios modestos, bastando apenas atenção e persistência para que sejam postas em prática. E, como diz ainda Luís Moita, se a cautela se justifica, também é verdade que não faz sentido a timidez. «Para as antigas colónias, incluindo Timor, está dito e redito que a língua portuguesa é factor determinante de coesão nacional, pelo que é descabido qualquer complexo de parte a parte para intensificar a colaboração neste campo.»[15]

Eduardo Prado Coelho fez pouco tempo depois uma reflexão no mesmo sentido, mas sobre o caso específico das relações com o Brasil. Na sua opinião, «se alguma coisa deve ser feita imediatamente é uma campanha de redescobrimento mútuo. Porque, no plano universitário,

[14] *Idem.*
[15] *Idem.*

Portugal e Brasil desconhecem quase tudo o que se faz num país e noutro, o que envolve equívocos, duplicações e esforços inúteis.»[16] E dá exemplos: as informações não circulam, as revistas não chegam, as colaborações recíprocas são quase nulas, as referências são extremamente vagas; os brasileiros ignoram quase tudo o que é a produção editorial portuguesa, e vice-versa. Todavia, o sector literário ainda é aquele que funciona melhor. «Porque, no domínio do cinema ou da música erudita, das artes plásticas ou da música ligeira, da dança ou da fotografia, o nosso vazio cultural no Brasil é apavorante.»[17] Segundo este autor, são necessárias estruturas locais que preparem os acontecimentos, que os insiram na vida brasileira e que lhes dêem a dimensão e a divulgação adequadas.

Luís Fontoura dará, em 1991, um importante contributo para esta problemática. Ele parte de alguns pressupostos fundamentais. Desde logo, existem razões suficientemente válidas que legitimam uma política de cooperação portuguesa com estratégia própria e com objectivos nacionais. «Nação periférica da Europa, tanto melhor estaremos, entre os Estados europeus, quanto mais formos capazes de demonstrar disposição firme e inequívoca de continuar o Portugal de há séculos, procurando revitalizar as suas aptidões naturais e procurando, sobretudo, reconstruir um conceito estratégico nacional próprio – que reforce, e garanta, a independência nacional. É o nosso interesse político.»[18] Por isso, este autor considera que não nos devemos reduzir ao cumprimento estrito das instruções comunitárias; o nosso destino deve continuar a ser português, não podendo, para tanto, perder a sua autonomia no Tratado de Roma e no Acto Único – e, acrescentamos nós, no Tratado de Maastricht. Luís Fontoura não duvida de que a forma como nos reduzimos à Europa, por incapacidade de prever e de ousar, deixou-nos na situação lamentável de um «weak state» sem desígnio próprio. «No plano internacional, temos hoje, com efeito, um papel insignificante que não se quadra a uma velha nação de séculos que já esteve, soberanamente, em todos os cantos do Mundo, e que portanto se não deve conformar, por legítimo orgulho nacional e por necessária ambição de futuro, a ficar reduzida, apenas, a um contigente e residual "poder funcional".»[19]

---

[16] COELHO, Eduardo Prado, «Uma ponte suspensa», *Público*, 1990/12/10, pág. 23.

[17] *Idem.*

[18] FONTOURA, Luís, «O novo ciclo da cooperação luso-africana», *Diário de Notícias*, 1991/7/6, pág. 7.

[19] *Idem.*

Assim, este autor defende que é preciso definir, rapidamente e com lucidez, o que é hoje essencial para o país. Na sua opinião, é a reconstituição do projecto que teve como matriz primeira a cultura portuguesa, num espaço geopolítico por ela mesma gerado e conformado no decorrer dos séculos. Por outras palavras, deve-se empreender sem demora uma política atlântica bem planeada, procurando parceiros que sintam a mesma necessidade vital de uma comunidade autónoma singularizada pela história e pela cultura, que a todos reforce mas garantindo o «eu» específico de cada um. Na verdade, as potencialidades desse espaço histórico-cultural poderão ser partilhadas e desenvolvidas por outras nações, cuja própria existência é dele uma resultante directa. Como refere Luís Fontoura, «não podem ter sido em vão alguns séculos de convívio com povos de outras latitudes, que estão no nosso mais profundo sentimento e para quem representamos, também, o amigo apesar de tudo mais confiável, aquele cuja idiossincracia melhor conhecem, e o que, decerto, melhor os conhece. Refiro-me, como se terá pensado, ao Brasil e aos novos países africanos que foram parcelas do Estado português, conjunto cuja criação e preservação foram a essência do nosso conceito estratégico nacional.»[20]

Este espaço continua disponível, mas carece de incentivos que o conduzam eficazmente para uma nova etapa. Segundo este autor, a forma e o tempo em que se materializar um tal «ente» são imprevisíveis, mas o início pode ter o seu elemento mais importante numa política de cooperação activa e planeada com esses países. «Uma política de cooperação traduzida numa acção especificamente conduzida, em última "ratio", para um resultado que, servindo no imediato e mutuamente, todas os parceiros que nela se envolvam, seja ainda o catalisador, o federador de uma nova dimensão política para o conjunto.»[21] É por isso que, na opinião de Luís Fontoura, esta política deve ser assumida, resoluta e inequivocamente, pelo Estado, como instrumento de objectivos últimos, tomada como fim concreto e continuado que serve a estratégia que parece conveniente aos interesses permanentes da nação: «E nenhum interesse é tão permanente como sobreviver, mas sobreviver com respeito por si próprio. Por outras palavras, devemos retomar a nossa história, não obstante as circunstâncias.»[22]

---

[20] *Idem.*
[21] *Idem.*
[22] *Idem.*

O medinho medíocre

Quem não mostra estar optimista é Helena Roseta, que, num artigo de 1992, fala mesmo em «oportunidade perdida». Na sua opinião, não é compreensível que Portugal não tivesse aproveitado melhor o cargo que então desempenhava (Presidência das Comunidades Europeias) para alcançar determinados objectivos. «Se não podemos ter a presunção de influenciar os acontecimentos, nada nos obriga a esconder o que nos interessa.»[23]

Na opinião da arquitecta, o que nos interessa é o intercâmbio cultural, onde se deveria investir com prioridade. Porém, a inércia e as dificuldades neste domínio são ainda maiores do que no campo económico, o que leva Helena Roseta a considerar que estamos a assistir passivamente a uma progressiva perda de influência de Portugal nos países lusófonos, antes de mais por inépcia cultural. E exemplifica: a França já ocupa na Guiné o lugar que não fomos capazes de ocupar; e Angola, a não haver alterações significativas, acabará por ser dominada pela língua espanhola. Como esta autora reconhece, é evidente que os países africanos de língua oficial portuguesa não estão propriamente à venda. No entanto, o capital afectivo que nem a guerra colonial conseguiu destruir pode desfazer-se em uma ou duas gerações se não for cuidadosamente trabalhado. E pergunta: «Em vez de sermos os últimos dos periféricos, não deveríamos antes ser os primeiros dos abertos ao Mundo?»[24]

A viagem do Presidente da República Mário Soares à Índia constituiu, de certa forma, uma resposta a esta pergunta; mas levantou igualmente muitas outras questões. Para Carlos Monjardino, da Fundação Oriente, aquela viagem demonstrou que a relação de Portugal com o Oriente, nomeadamente com os países com quem tivemos um diálogo histórico mais profundo, está viva e precisa de ser cultivada. «A posição portuguesa na Índia no contexto de Portugal no Mundo e no conjunto dos países lusófonos (...) enquadra-se na perspectiva mais importante e necessária que é a do diálogo das culturas e, especificamente, o diálogo Oriente-Ocidente.»[25] Carlos Monjardino lembra que Portugal está na

---

[23] ROSETA, Helena, «Uma oportunidade perdida», *Diário de Notícias*, 1992/2/9, pág. 7.

[24] *Idem.*

[25] MONJARDINO, Carlos, «Portugal está vivo no Oriente», *Jornal de Letras, Artes e Ideias,* 1992/2/18, pág. 9.

Europa não na perspectiva de uma simples integração de um território e de uma população no conjunto europeu, mas com uma história, uma cultura e uma identidade que ao longo de muitos séculos revelou uma especial capacidade de relacionamento com outros povos, nomeadamente com a África, a Ásia e a América Latina. E avisa: se não conseguirmos manter e demonstrar as nossas qualidades especiais, ficaremos diluídos na Europa, perdendo muito da nossa identidade e da nossa posição na Europa. Mas como contrariar esta tendência? Segundo Carlos Monjardino, «muitas vezes uma acção cultural precisa de uma espécie de "choque" que acorde as pessoas e lhes abra os olhos para uma realidade a que estavam indiferentes. (...) Espero que muitas pessoas responsáveis pelas perspectivas que podem ser dadas a uma política da cultura tenham tomado consciência de um fenómeno cultural riquíssimo em que estamos profundamente implicados.»[26]

Perspectiva semelhante tem José Blanco, da Fundação Gulbenkian, para quem a diáspora portuguesa tem, na Índia, um dos seus pólos fundamentais. E para que ele possa ser recuperado e desenvolvido no contexto do subcontinente em que está inserido desde há 450 anos é indispensável construir-lhe um futuro em que, explorando o grande potencial positivo da nossa presença histórica, se incentive a abertura de novas vias de cooperação que passam necessariamente pela lusofonia mas não apenas por ela. Para José Blanco, o que tudo isto significa é que «as questões da diáspora lusitana na Índia são muito diferentes das que se põem em países lusófonos como Angola ou o Brasil e como tal devem ser encaradas e resolvidas. Para tal, a nossa experiência diz que é essencial conhecer bem as dificuldades do meio ambiente da Índia em geral e de Goa em particular, ter a coragem de realizar uma política de apoios selectivos, ser paciente e, sobretudo, não exigir resultados a curto prazo.»[27] José Blanco concorda, nomeadamente, que é indispensável que o português volte a ser ensinado nas escolas secundárias de Goa. Porém, uma instituição particular como a Fundação Gulbenkian não pode substituir-se ao Estado nesta matéria específica; tal só pode ser concretizado a nível de negociações oficiais. Compete ao Estado, dentro dos esquemas oficiais de colaboração com as autoridades indianas, criar as condições básicas para a preservação e promoção da língua portuguesa em Goa.

---

[26] *Idem.*

[27] BLANCO, José, «Missão cumprida e novos projectos», *Jornal de Letras, Artes e Ideias,* 1992/2/18, pág. 10.

Como salientou José Carlos Vasconcelos, também a propósito desta viagem, o que vai acontecer neste domínio dependerá doravante do que em concreto se fizer ou não; e para ele o que é impressionante é o que até agora não se fez, ou antes o que o Estado, o(s) Governo(s) não fizeram. O que se tem feito deve-se quase exclusivamente à acção de duas fundações com serviços relevantes prestados nesta área, a Gulbenkian e a Oriente, e ao embaixador Álvaro Guerra. José Carlos Vasconcelos não duvida de que estas entidades vão continuar, e até aumentar, a sua acção. Mas tem muitas dúvidas sobre as iniciativas das autoridades de Lisboa; e ainda as tem mais face à situação algo indefinida, às ambiguidades e aos equívocos que resultam do facto de a acção cultural do Estado no exterior não depender do departamento governamental competente no país mas sim do Ministério dos Negócios Estrangeiros. «Eis, pois, o que também importa considerar, e modificar se for casso disso; ou arranjar, como se impõe, uma eficaz articulação interministerial que ultrapasse limitações orçamentais e obstáculos burocráticos de todo inadmissíveis quando estão em jogo, como é o caso, altos interesses nacionais.»[28]

Voltando à questão das relações entre Portugal e Brasil, permitimo-nos destacar o testemunho de Miguel Esteves Cardoso. Após conhecer o Brasil, o polémico jornalista escreveu, no início de 1992, uma crónica intitulada «Recusaram um visto à Garota de Ipanema para passear na praia de Paço de Arcos!», da qual transcrevemos alguns excertos:

«(...) A maneira como Portugal – e os próprios portugueses – têm tratado os brasileiros constitui uma traição tão grande, à escala cultural, como a indiferença perante o destino dos timorenses. É um medinho medíocre. (...) Antes de ir ao Brasil e conhecer os brasileiros sempre alinhei na snobice arrogante que hoje se transformou em pura xenofobia. Quando lá fui, e compreendi que era no Brasil que um dia a existência de Portugal encontraria justificação, que era no Brasil que as nossas ideias e misturas rácicas e culturais poderiam um dia revelar-se mais modernas que o Mundo e mostrar que, por instinto ou sabedoria dos nossos antepassados, tínhamos razão; só depois de lá ter ido percebi que não se podia ser português sem ter sido muitas outras coisas primeiro. (...) Os países ricos que têm dinheiro e cultura podem permitir-se o luxo da xenofobia. (...) Nós não podemos. Nós precisamos urgentemente dos outros. Sozinhos não somos nada, não somos ninguém. Os tesouros que

---

[28] VASCONCELOS, José Carlos, «Um futuro para o nosso passado», *Jornal de Letras, Artes e Ideias,* 1992/2/18, pág. 8.

Vozes pela lusofonia: propostas de estratégia para o «reencontro de culturas» 105

temos não se podem selar hermeticamente – não porque não tenham valor próprio mas porque se baseiam na exposição ao exterior. A lição de Camões, de Vieira e de Pessoa não se pode limitar a uma saleta bafienta de uma escola de Abrantes como se pode ensinar Kant num quartinho de Heidelberg. Sem mapas, sem mostrar onde fica a África, onde fica a América, sem dizer onde estivemos, não se percebe onde querem chegar Camões ou Vieira ou porque não chegou a partir Fernando Pessoa.»[29] O testemunho de um português passeando por Ipanema.

Gestos retóricos e piedosas intenções

A necessidade de um maior esforço de solidificação das relações sócio-culturais, políticas e económicas com os países lusófonos é tema presente em praticamente todos os discursos políticos que se prezem. No entanto, o elogio retórico da cooperação dificilmente se traduz em iniciativas concretas, como recentemente lembrou o Presidente da República na sua mensagem de Ano Novo de 1994.

Mário Soares não se esqueceu de mencionar o papel que Portugal deverá desempenhar junto dos países africanos lusófonos, e elogiou a proposta brasileira de constituição da Comunidade dos Povos de Língua Portuguesa. Lançando um desafio ao Governo, o Presidente questionou se Portugal vai assumir esta iniciativa brasileira como uma verdadeira prioridade ou se ficará pelos «belos gestos retóricos e as piedosas intenções, sem substância nem futuro.»

Já em Abril de 1991 Mário Soares afirmava que «à Comunidade Lusófona está reservado no Mundo do novo milénio que se aproxima um largo destaque, se soubermos todos, em África, na América Latina e na Europa preservar e cada vez mais reforçar os sentimentos de fraternidade que temos sabido desenvolver no dia a dia do nosso relacionamento.»[30] No seu prefácio ao quarto volume de «Intervenções», o Presidente da República considera não existir qualquer incompatibilidade entre a nossa posição na Comunidade Europeia e os outros interesses do país. «Portugal só é um país periférico na Comunidade se quiser ou se não souber

---

[29] CARDOSO, Miguel Esteves, «Recusaram um visto à Garota de Ipanema para passear na praia de Paço de Arcos», *O Independente*, 1992/1/3, pág. 5III.

[30] SOARES, Mário, «Os novos ventos da História», 1991, *Intervenções 6*, Imprensa Nacional-Casa da Moeda, 1992, pág. 188.

explorar as suas potencialidades. Isto é, se não for capaz, na divisão de tarefas no seio da Comunidade, de pôr em realce o interesse da sua posição geoestratégica, debruçado sobre o Atlântico e na entrada do Mediterrâneo, o mais próximo vizinho europeu dos Estados Unidos, bem como a sua vocação universalista, com grandes comunidades portuguesas espalhadas pelo Mundo, em pontos fulcrais, a caminho de poder finalmente construir, em razão mesmo da sua integração na Europa comunitária, uma verdadeira comunidade luso-afro-brasileira de língua, de culturas, de afecto e de interesses.»[31]

Apontada como «desígnio nacional», a construção dessa «casa lusófona» de culturas e de interesses mereceu sempre destaque nas intervenções de Mário Soares durante os seus mandatos como Presidente da República. Em Junho de 1987 o Presidente sublinhava que «estamos agora mais do que nunca abertos ao Mundo, particularmente às relações com o Brasil e com os países irmãos de África – a quem nos une não só a língua mas sobretudo uma cultura e maneira de ser, em sentido amplo, para a qual todos contribuíram profundamente e que séculos de vida ajudaram a cimentar. A verdadeira riqueza – nos homens como nas nações – não resulta tão só da acumulação de bens materiais nem, muito menos ainda, de posições hegemónicas de domínio. Reside, sim, no saber, na cultura, na área das novas tecnologias, e, sobretudo, nas relações fraternas de conhecimento e convivência que se possam estabelecer.»[32]

O Presidente Soares, referindo-se à «vocação marítima e atlântica, na qual o Brasil é uma referência primordial e constante», considerou, em Março de 1987, que Portugal pretende «conquistar, em cooperação estreita com este grandioso país irmão e com os países africanos que falam a nossa língua comum, o lugar a que, pelas nossas histórias e pela vitalidade dos nossos povos, temos direito no Mundo do século XXI. Para isso, devemos passar das palavras aos actos que perduram. Precisamos de mudar de estilo – afectivo, sem dúvida, mas porventura demasiado retórico e, por isso, um tanto ineficaz e desactualizado – que vimos mantendo nas nossas relações.»[33] Nesse sentido, na Universidade de São Paulo, ainda em Março de 1987, Mário Soares apontava um possível caminho. «As universidades do Brasil e de Portugal têm nesse processo de revitalização do nosso património cultural comum um papel primordi-

---

[31] *Idem*, «Prefácio», 1990/2/27, *Intervenções 4*, INCM, 1990, pág. 31.

[32] *Idem*, «O encontro de Portugal com a História», 1987/6/10, *Intervenções 2*, INCM, 1988, pág. 172.

[33] *Idem*, «Uma afirmação do espírito moderno», 1987/3/26, *idem*, pp. 176-177.

Vozes pela lusofonia: propostas de estratégia para o «reencontro de culturas» 107

al a desempenhar, pelo que urge alargar e aprofundar o intercâmbio universitário em todos os sectores e a todos os níveis: ao nível dos departamentos especializados, ao nível dos investigadores e dos mestres e, sobretudo, ao nível dos jovens, pois são eles que, com a sua ânsia de perfeição e os seus sonhos generosos, poderão dar novo ânimo e emprestar novo dinamismo ao nosso relacionamento bilateral.»[34]

As relações com os países de língua oficial portuguesa «estão longe de ser aproveitadas como deveriam». No prefácio do sexto volume de «Intervenções», o Presidente considera que, pelo facto de o português ser uma das línguas mais faladas do Mundo, devemos ter «uma política de defesa da língua mais ousada, recorrendo às modernas tecnologias e às emissões televisivas por satélite, como traço de união entre os Estados que falam o idioma de Camões. Se a língua é a nossa pátria, como dizia Pessoa, o português é uma pátria de várias pátrias e como tal tem de ser considerado, aberto aos diferentes acentos, tal como é falado e escrito de ambos os lados do Atlântico e ainda em paragens mais distantes. A língua é um veículo de cultura e, no nosso caso, reflecte o encontro de culturas que representa o cerne da deambulação dos portugueses no Mundo. É algo de vivo e de livre. Um traço de união que aproxima os povos, estimula as razões de compreensão e afecto, cria fraternidade. O livro, que é uma das suas expressões, tem de ser encarado com atenção e carinho. Como instrumento insubstituível de contacto e de cooperação entre os povos e as nações que se exprimem em português. Se não compreendermos isso e não formos capazes de criar os mecanismos de defesa do livro – e do disco – não entenderemos nada, o que equivaleria a deixarmos de ter uma política externa autónoma.»[35]

A referência à promoção da língua portuguesa no III Congresso de Escritores Portugueses, em Novembro de 1991, merece ser destacada pelos termos utilizados pelo Presidente da República ao defender as potencialidades do Instituto Internacional de Língua Portuguesa, «projecto que contém enormes virtualidades que devemos não deixar cair, mesmo que nos empenhemos em iniciativas com idêntico objectivo, desenvolvendo com coerência uma política de defesa da língua, sem desconfianças, chauvinismos ou inaceitáveis receios que acabam por resultar em meras duplicações de esforços.»[36] Uma provável alusão ao Instituto Camões, na altura ainda em fase de planeamento, mas já um

---

[34] *Idem*, «Um exemplo vivo», 1987/3/31, *idem*, pág. 189.

[35] *Idem*, «Prefácio», 1992/3/8, *Intervenções 6*, INCM, 1992, pág. 22.

[36] *Idem*, «Uma comunidade de afecto», 1991/11/25, *idem*, pág. 139.

objectivo concreto do gabinete do Secretário de Estado da Cultura. Posteriormente, este Instituto passou para a tutela do Ministério dos Negócios Estrangeiros, não se lhe conhecendo até à data iniciativas de relevo.

Essa riqueza inestimável...

A disponibilidade do Governo de Cavaco Silva para o incremento das relações com os países lusófonos foi expressa no último programa, nomeadamente no que respeita à área da cultura. Para o Governo, «importa solidificar os laços da comunidade de Estados de língua oficial portuguesa e das comunidades de língua portuguesa espalhadas pelo Mundo, na sequência de passos já dados a vários níveis. Assume, por conseguinte, prioridade importante para a área da cultura a participação empenhada na criação do Instituto Camões como instrumento fundamental na política de afirmação da língua portuguesa no Mundo.»

O objectivo do Governo parece ser claro. De acordo com o primeiro-ministro, num discurso proferido em Outubro de 1990 na II Conferência Europa-Mundo, «Portugal leva para as Comunidades Europeias essa riqueza inestimável que são as relações intensas que mantém, designadamente, com os países africanos de língua portuguesa.»[37]

A possibilidade de Portugal desempenhar um papel de destaque no diálogo Norte-Sul era já evidenciada no Governo do chamado «bloco central». O então ministro Jaime Gama considerava, em Abril de 1985, que «o conhecimento que os portugueses têm da diversidade e das potencialidades do continente africano, as suas aptidões para se adaptar facilmente ao meio e para dialogar com os povos da área, a ausência de procedimentos ou reflexos racistas, o estádio intermédio das tecnologias e o "know how" das nossas empresas e peritos fazem de Portugal um centro de irradiação para a aproximação com África.»[38] O ministro dos Negócios Estrangeiros destacava ainda, relativamente ao espaço de língua portuguesa, a importância da «fixação do português e da língua portuguesa enquanto veículo de afirmação da unidade nacional e da delimitação das fronteiras de alguns Estados africanos.»[39]

---

[37] SILVA, Aníbal Cavaco, «Intervenção na II Conferência Europa-Mundo», 1990/10/10.

[38] GAMA, Jaime, «Coordenadas da política externa portuguesa», 1984/11/19, *Política Externa Portuguesa 1983-1985*, Ministério dos Negócios Estrangeiros, 1985, pág. 158.

[39] *Idem*, «As novas diplomacias», 1985/4/30, *idem*, pág. 193.

Vozes pela lusofonia: propostas de estratégia para o «reencontro de culturas» 109

Na continuidade desta orientação política, os governos seguintes definiriam sempre a cooperação como «uma política de interesse nacional e de longo prazo.» José Manuel Durão Barroso, então ainda Secretário de Estado da Cooperação, destacava, em várias intervenções produzidas entre 1987 e 1989, o português como «uma das grandes línguas da comunicação universal», sendo do «interesse dos países que a têm como língua oficial desenvolver a cooperação nesta área. Só uma política generosa e aberta neste domínio pode defender eficazmente os nossos interesses comuns.»[40] Para Durão Barroso, «de importância decisiva, e prendendo-se com a questão mais vasta da estratégia da língua e da cultura portuguesas, são as acções no campo educativo e cultural, cuja dimensão deverá ser avaliada à luz do interesse da afirmação da presença cultural de Portugal no Mundo.»[41]

A problemática da coordenação das diversas vertentes da cooperação e da promoção da cultura portuguesa a nível mundial foi abordada pelo ex-Secretário de Estado na sua intervenção de abertura da Comissão Interministerial para a Cooperação, em Fevereiro de 1988. Durão Barroso reconheceu que «não têm existido mecanismos suficientemente eficazes de coordenação (das políticas de cooperação), seja pela tradicional tendência para a dispersão e compartimentação da nossa administração pública, seja pela relativa juventude das estruturas que se dedicam a estas matérias, seja, muito particularmente, pelo facto de não se haver concentrado numa entidade única, devidamente prestigiada, a função de coordenação e de apoio às acções especializadas dos vários departamentos.»[42] Tudo isto com um objectivo, enunciado em diversas intervenções: «O novo Portugal democrático tem condições ímpares para se transformar num valioso espaço aberto de encontro de culturas europeia e africana»[43], já que «o objectivo primordial da nossa acção deve ser o reforço da implementação da língua portuguesa. É aí que assentará o nosso entendimento, é por intermédio da língua comum que as relações de futuro se desenvolverão.»[44]

Definidas as linhas orientadoras, importa verificar a forma como se procede quanto às políticas sectoriais de cooperação. Sobre este assunto, Durão Barroso destacava sempre o facto de não existir incompatibilidade

---

[40] BARROSO, José Manuel Durão, «Questões políticas e económicas», 1988, *Política de Cooperação*, Ministério dos Negócios Estrangeiros, 1990, pp. 24-25.

[41] *Idem*, «Uma política de Estado», 1988/2/10, *idem*, pág. 12.

[42] *Idem*, pág. 11.

[43] *Idem*, «Desenvolvimento e subdesenvolvimento», 1987/11/28, *idem*, pág. 56.

[44] *Idem*, «As relações com os Cinco», 1988/8/24, *idem*, pág. 34.

entre a eficácia na coordenação das acções e o papel dos agentes de cooperação. Em Agosto de 1989 o então Secretário de Estado da Cooperação revelava ter colocado, no início do seu mandato, «a hipótese de centralizar toda a acção de cooperação num único organismo. Mas rapidamente se chegou à conclusão que tal sistema seria contraproducente. Diferentemente da Espanha, onde não há tradição africana, temos em Portugal quadros dedicados a acções de cooperação em todos os ministérios. Temos, por exemplo, gente que sabe imenso de África no Ministério da Agricultura, no Ministério do Emprego e da Segurança Social, no Ministério da Educação... Se fôssemos criar uma única instituição que pretendesse centralizar tudo, seria irrealista pensar que todos esses técnicos, que às vezes têm funções altíssimas ao nível das respectivas estruturas, iriam sair dos seus actuais departamentos para ingressarem no novo organismo. Portanto, chegou-se à conclusão que é melhor mantermos a situação actual, ou seja, incentivar a criação de pólos de cooperação em todos os ministérios, com uma melhor articulação entre todos eles, feita através do Ministério dos Negócios Estrangeiros e, muito em particular, através da Comissão Interministerial para a Cooperação. E o que nós fazemos é procurar entusiasmar os diferentes departamentos, mobilizá-los para as tarefas da cooperação, integrar as suas acções num enquadramento coerente e mais vasto. Como se sabe, em Portugal, quando se procura centralizar, mata-se a iniciativa. Penso que, no nosso caso concreto, qualquer tentativa de centralização seria prejudicial.»[45] Assim, continuamos na mesma, pela falta de coordenação e pela dispersão de actividades...

Apesar de entendida como «política de interesse nacional», a cooperação, para Durão Barroso, «não é uma acção da exclusiva competência do Estado. A cooperação pode e deve ser prosseguida por diversos sectores da sociedade, empresas, ONG, universidades e associações, mobilizadas por interesses e fins diferenciados, embora coincidentes no objectivo de combate às situações de desenvolvimento desigual.»[46] De qualquer modo, Durão Barroso sempre se mostrou optimista. «As tarefas da cooperação, como toda a actividade que pressupõe um certo empenhamento da solidariedade humana, só podem ser levadas a cabo se se conseguir mobilizar as camadas jovens da população portuguesa. A cooperação necessita do entusiasmo dos jovens e só neles pode alicerçar um futuro de modernidade e dinamismo.»[47]

---

[45] *Idem*, «Dois anos de cooperação», 1989, *idem*, pág. 41.

[46] *Idem*, «A experiência portuguesa», 1988/12/22, *idem*, pág. 71.

[47] *Idem*, «As relações com os Cinco», 1988/8/24, *idem*, pág. 34.

Emigrantes e outros «vagabundos»

A importância do relacionamento entre Portugal, Brasil e países africanos de expressão portuguesa tem sido sublinhada também pelos próprios políticos e intelectuais dos outros países lusófonos, bem como pelos chamados «portugueses da diáspora». Todos preconizam o reforço da promoção da língua portuguesa nos países e nas comunidades da lusofonia, deixando para trás os traumas do colonialismo e do esqueci-mento pós-colonial. O discurso da defesa da herança cultural portuguesa espalhada pelo Mundo e de um maior conhecimento entre os povos lusófonos tem sido reproduzido, desde há vários anos, na imprensa de expressão portuguesa.

De acordo com Alberto Costa e Silva, ex-embaixador do Brasil em Lisboa, todos os povos que falam a língua portuguesa devem lutar pela sua unidade, porque «ela é a língua materna, a língua nacional do Brasil pelas mesmas razões que é a língua materna e nacional de Portugal – porque é a língua dos nossos antepassados.» Num discurso proferido em 1990 na Sociedade de Geografia, Costa e Silva considerava que «a ques-tão que se coloca é saber que possibilidades tem o português de se impor internacionalmente como língua de cultura, e a resposta está na utilidade da língua. Se ela não tem utilidade, acaba por ser apreendida apenas pelas elites, porque não se apreende uma língua pelo seu passado e pela sua riqueza mas pela sua utilidade colectiva, importante, projectada no futuro. A língua portuguesa está ligada ao futuro dos países que a falam, ao peso político-económico e de criação cultural dos países de expressão portuguesa, o que demonstra a necessidade de apresentar um português uno e simultaneamente diferenciado.»[48]

O papel desempenhado pela língua portuguesa como língua de unidade nacional foi destacado, em Novembro de 1992, pelo escritor e ex-ministro moçambicano Luís Bernardo Honwana, ao referir-se à cons-trução da unidade nacional do seu país, só possível através de uma língua comum, «afeiçoada à nossa realidade», na medida em que fazer o con-trário, ou seja, «impor uma norma-padrão linguística estranha às realida-des locais, é tornar o português distante, é afastá-lo de nós. O português tem, assim, de importar adulterações ou apropriações.»[49]

---

[48] SILVA, Alberto Costa e, intervenção num colóquio sobre a língua portuguesa realizado na Sociedade de Geografia, 1990.

[49] HONWANA, Luís Bernardo, citado por Fernando Dacosta. «Afeiçoar o português à realidade africana», *Público*, 1992/11/26, pág. 29.

Para um outro moçambicano, Aurélio Rocha, da Universidade Eduardo Mondlane, numa intervenção na Sociedade de Geografia em 1990, a questão deve ser colocada nos seguintes termos: «Pode uma língua estrangeira ser veículo portador de uma cultura verdadeiramente africana? O uso das línguas africanas irá pôr em causa ou não o processo de construção e a sobrevivência do português, devido à dispersão das línguas tribais? O português como língua oficial do pós-independência foi posto em causa, mas houve vários intelectuais que defenderam esta língua de cultura. Existem realidades linguísticas na história e na cultura próprias de cada país, e assim o português coexiste com várias línguas consoante cada país e região. Em Moçambique a unidade nacional foi posta em causa pelas várias línguas existentes, pelo que o português foi proclamado a língua oficial por razões históricas e políticas, sem problemas ou traumas do colonizado, por conveniência da unidade nacional e emancipação cultural do território em todas as áreas da vida do país, até porque não havia condições para o ensino das línguas regionais. Não há reconhecimento da superioridade do português nem complexo de colonizado. Portanto, é uma língua de consenso e unificadora com projecção internacional; por outro lado, há uma importância estratégica por causa de toda a fronteira anglófona, pelo que o português é instrumento de identidade e soberania nacional numa sociedade que se pretende multilíngue e pluriétnica. A língua portuguesa não deve ser legada para um segundo plano porque não foi assumida como língua incómoda ou por ter valor cultural a ter como modelo, mas por ser útil e por ser a massa de criação intelectual e literária dos próprios dirigentes nacionais. Por isso, o português pode ser portador do sentimento moçambicano, assim como o foi como expressão da revolta contra o colonialismo português.»[50]

Portugal deve estar atento à promoção da língua e ainda a um outro factor enunciado recentemente por José Sousa Jamba: «Muitos intelectuais africanos sofrem de um grave problema de identidade. Esses intelectuais sentem-se como se estivessem a ser constantemente julgados pelo Ocidente; isto é, pelo sector mais grosseiro e com mais preconceitos do mundo ocidental – o daqueles que vêem na situação africana confirmação da sua superioridade.»[51]

---

[50] ROCHA, Aurélio, intervenção num colóquio sobre a língua portuguesa realizado na Sociedade de Geografia, 1990.

[51] JAMBA, José Sousa, «A traição dos intelectuais africanos», *O Independente*, 1991/ /7/26, pág. 17III.

Vozes pela lusofonia: propostas de estratégia para o «reencontro de culturas» 113

Toda esta nova postura exigida a Portugal e a outros países lusófonos implica necessariamente que não se cometam «asneiras diplomáticas» como a do embaixador português em Brasília, Leonardo Mathias, cometida no início de 1993. O conhecido episódio afectou as relações políticas entre Portugal e Brasil e provocou várias reacções, das quais destacamos a de Carlos Vianna, vice-presidente da Casa do Brasil de Lisboa. «Vagabundos não quer dizer, nem no Brasil nem em Portugal, pessoas que estão à margem do mercado de trabalho, que são marginalizados, como tentou explicar-se o senhor embaixador. Porque, a aceitar os conhecimentos filológicos do senhor embaixador, vagabundos seriam os milhões de portugueses que emigraram por estarem, aqui, verdadeiramente, marginalizados do mercado de trabalho. E isso não é verdade. Nós, brasileiros, sabemos muito bem que os emigrantes portugueses no Brasil, que somam mais de cinco milhões neste século, não foram e não são vagabundos. Pelo contrário, são verdadeiros leões no trabalho, com uma capacidade de sacrifício ilimitada.»[52]

Este brasileiro, residente em Portugal, diz-se magoado «por ver aprovada em Portugal uma lei, ainda por publicar no Diário da República, que significa claramente um voltar de costas ao Brasil e aos PALOP. Que é a aplicação quase literal de um acordo – Schengen – que nem sequer ainda está ratificado. Que significa, não "de jure" mas "de facto", deitar por terra os acordos bilaterais entre Brasil e Portugal. Que representa, de facto, um combustível na fogueira da xenofobia que se alastra por todo o Mundo. Que é um claro fechar de portas a um fluxo migratório pequeno e que não desestabiliza de modo algum o mercado de trabalho interno em Portugal. Como não desestabilizam, de certeza, a economia portuguesa, os investimentos das empresas brasileiras em Portugal, da ordem de centenas de milhões de dólares, que criaram não menos de oito mil empregos directos, fundamentalmente para portugueses, segundo dados do Clube dos Empresários Brasileiros em Portugal. E quando estamos magoados buscamos amigos. E, como não poderia deixar de ser, temos muitos amigos em Portugal e entre os mais de um milhão e duzentos mil cidadãos portugueses residentes no Brasil, todos portugueses-brasileiros ou brasileiros-portugueses. Porque não há lei que destrua o que se construiu em 500 anos.»[53]

---

[52] VIANNA, Carlos, «Nós não somos vagabundos», *Público*, 1993/2/3.
[53] *Idem.*

Portugal está a virar as costas à lusofonia? Embora preocupados com o distanciamento português, os intelectuais africanos ainda conseguem construir metáforas com algum humor. O escritor angolano Pepetela conta uma história curiosa sobre o Natal de 1992, referindo-se a uma provável mudança de hábitos alimentares dos portugueses. «Quanto ao bacalhau, se os portugueses estão prontos a renegar a tradição, isso não tem mambo, nós cá conservamos para que um dia se diga em qualquer enciclopédia: ceia de Natal com bacalhau foi costume alienígena, trazido de Angola, que perdurou algum tempo mas que não resistiu ao fim da colonização, mantendo-se hoje apenas em África.»[54]

O «mal Salazar»

O professor brasileiro João Correia Defreitas, da Universidade Federal do Paraná, chama a atenção para um outro fenómeno vivido intensamente no sul do Brasil. «Há brasileiros que não prezam, hoje, muitos dos valores fundamentais da sua cultura, fazendo com que um dos mais importantes, a língua portuguesa, se descaracterize por chamar-se portuguesa. Não atentam, entretanto, que destruir a língua é destruir a própria identidade. Esquecem que falar uma determinada língua materna é adoptar uma certa visão do Mundo, pois o idioma é o veículo fundamental das faculdades cognitivas. (...) Na medida em que queremos dissociar a herança cultural que nos legou a língua de todo um complexo de valores que a formou através dos milénios, no afã de buscarmos uma cultura nacional, desligada de toda a sua matriz, criamos um vazio conceptual ao qual corresponde um vazio cultural.»[55]

João Defreitas considera que «o que está em causa é o proveito recíproco para os membros da comunidade lusófona. A viragem para o hemisfério sul por parte de Portugal deve ser acentuada pela provável crise da Comunidade Europeia a curto prazo, que, prevejo, não ir sobreviver na sua actual estrutura durante esta década, devido aos recentes acontecimentos no Leste. Não se deve esquecer a questão espanhola do espaço ibero-americano. Portugal tem de avançar e superar traumas de identidade. Portugal tem um dilema com a política africana e é difícil

---

[54] PEPETELA, «O bacalhau de Natal», *Público*, 1992/12/27, pág. 34.
[55] DEFREITAS, João Correia, «A identidade brasileira em questão», *Gazeta do Povo* (Curitiba), 1992/1/10.

Vozes pela lusofonia: propostas de estratégia para o «reencontro de culturas» 115

compatibilizar os diferentes interesses. Trazer África para a Europa pelas mãos de Portugal ou do Brasil é uma tarefa importante, assim como, por exemplo, a alfabetização em massa dos povos africanos de expressão portuguesa, pois os dividendos seriam para a comunidade lusófona.» Avisos e conselhos deixados numa conversa recente com quem não se quer desligar ainda mais de Portugal.

Os outros países lusófonos exigem ainda de Portugal um cuidado especial nas comemorações dos Descobrimentos. Para Carlos Lopes, sociólogo guineense, «é importante que Portugal não se disponha a copiar a Espanha, numa tentativa de assinalar "que fomos nós". Se o fizer, demonstrará também uma visão curta da historicidade e acarretará os prejuízos que daí advirão junto da intelectualidade africana ou latino-americana capaz de produzir interpretação histórica. Todos nós – africanos, brasileiros e portugueses – temos uma responsabilidade em não deixar Lisboa 98 ser a mascarada de Sevilha 92 e em não confundir diversão e modernidade com História.»[56]

Estarão as comemorações com os olhos postos no futuro da lusofonia? Para já, o presente não é nada brilhante, pelo menos na perspectiva de A. Gomes da Costa, português que vive desde há vários anos no Brasil. Referindo-se às relações bilaterais luso-brasileiras e à posição portuguesa na Comunidade Europeia, Gomes da Costa considera que os empresários brasileiros poderiam «beneficiar das facilidades da língua, da cultura, da instalação, dos custos operacionais mais reduzidos na plataforma portuguesa, e dali tentarem o acesso a um mercado importante; ou então que nas reuniões da Comunidade houvesse uma voz a bater-se pelos interesses brasileiros contra o proteccionismo da "fortaleza Europa"; a traçar uma "diagonal" para a América Latina; a reivindicar para o Brasil e os PALOP, em nome de 200 milhões de cidadãos, mais do que as vantagens asseguradas pelas Convenções de Lomé, ajudas e apoios comunitários.»[57]

No Brasil são muitos os que gostam de Portugal e que se deparam, sobretudo, com a falta de informação, correcta, isenta e actualizada sobre o nosso país. Para Jorge Fernandes da Silveira, da Universidade Federal do Rio de Janeiro, «corre um "mal Salazar" nas relações Brasil-Portugal. Isto é, restos de autoritarismo que no fundo constituem o cerne do

---

[56] LOPES, Carlos, «Cristóvão Colombo e a África», *Público*, 1992/12/20, pág. 46.

[57] COSTA, A. Gomes da, «Brasil-Portugal: recriar oportunidades», *O Primeiro de Janeiro*, 1992/1/3, pág. 5.

salazarismo: uma burocracia eficiente ao serviço de um conservadorismo persistente. Os velhos conselheiros e comendadores, gordos, vivem enclausurados em naus de bacalhau. Ou, diria António José Saraiva, andam enfezados a contar o dinheiro debaixo do colchão, já que aplicar em cultura seria a maior das temeridades para quem nunca apostou no valor abstracto do dinheiro. Compare-se o apoio dado por outras instituições estrangeiras, para a difusão dos seus bens do saber, no Brasil – o resultado será confrangedor. (...) Claro está que só uma acção de carácter cultural intensivo poderá mudar essa situação. Chega a ser inacreditável a forma como alguns órgãos portugueses se negam a auxiliar aqueles que desejam reflectir sobre, conhecer e divulgar a face contemporânea do país. E não refiro só a ajuda financeira. É como se, através de um mal disfarçado paternalismo, nos considerassem ainda na condição social do colonizado a quem se negam os usos e costumes da metrópole, a fim de, mantendo-o materialmente prisioneiro, seduzi-lo pelo sonho de um dia vir a ser a imagem desejada daquele que dele tanto se oculta.»[58]

*(De: **Luís Ferreira Lopes** e **Octávio dos Santos**; Finisterra N.º 15 e N.º 16, 1994)*

---

[58] SILVEIRA, Jorge Fernandes da, «Os Portugueses...», *Temas Portugueses e Brasileiros*, Luís Forjaz Trigueiros e Lélia P. Duarte, ICALP, 1992, pp. 599-600.

Parte III

Portugal hesita na «Lusaliança»

A Comissão Europeia, o órgão executivo da União, não perdeu tempo e propôs em Outubro último a criação de uma zona de comércio livre com os países do Mercosul já a partir de 2001. A proposta do comissário espanhol Manuel Marín, apresentada em Bruxelas, é bem clara – a instauração de uma união aduaneira entre a «superfortaleza» europeia e o mercado comum sul-americano, composto pelo Brasil, Argentina, Paraguai e Uruguai.

O senhor Marín justifica o apetite de Bruxelas com a concorrência norte-americana: «A União é o principal investidor e cooperante do Mercosul, mais ainda do que os Estados Unidos.» O projecto prevê uma fase transitória para uma «parceria equilibrada», que deverá contemplar a liberalização dos serviços e capitais bem como do comércio dos produtos agrícolas e industriais. Marín fala mesmo de uma «cooperação aprofundada inclusive no plano político.»

A ajuda paga-se...

Os cálculos de Bruxelas são simples. Desde 1988, o comércio exterior do ambicionado mercado comum sul-americano evolui anualmente mais de 10% e perfila-se, tal como alguns mercados asiáticos, como uma enorme mina para as economias desenvolvidas do hemisfério norte. Só entre 1992 e 1993 as exportações da UE para o Mercosul aumentaram 40%, e mais de 42% da ajuda ao desenvolvimento destes países vem de Bruxelas: 270 milhões de ecu em 1992 e 75 milhões de ecu já neste ano.

O apetite devorador da União é compreensível. A visão e o sentido estratégico do comissário espanhol já se esperava do representante na Comissão Europeia de um país que demonstra saber defender, de forma bem planeada e estruturada, os seus interesses na América Latina. Mas o que não se desejava é que Portugal continue a hesitar no aprofundamento institucionalizado da «Casa Comum» lusófona.

120 *Os Novos Descobrimentos*

Lisboa, desconfiada, perde

No final deste mês deverá assistir-se a um «show off» do Governo português durante a cimeira constitutiva da Comunidade dos Países de Língua Portuguesa. Como assinalámos em devido tempo há já alguns meses, Lisboa parece estar desconfiada dos planos de Brasília. Entra e participa, só que transmite a ideia de que a antiga potência ultramarina, cheia de complexos, está ali apenas de «corpo presente» e vai a reboque. Mas, é claro, os sorrisos não deixarão de ficar para a posteridade nas fotografias ou nas câmaras de televisão. E Deus queira que, apesar da hipocrisia, tudo resulte em pleno. Só que há coisas do Diabo...

Na sessão solene de abertura e durante a V Mesa Redonda da Comunidade de Países de Língua Portuguesa, realizada no mês passado em Brasília (e que antecede notoriamente a constituição formal da tão sonhada comunidade da lusofonia, agora tão incrivelmente pouco amada pelo Governo português, mais preocupado com a «árvore das patacas» de Bruxelas), a ausência de uma representação oficial portuguesa foi duramente criticada por intelectuais brasileiros e africanos.

Em discussão esteve «só» o ensino do português, a preservação do idioma, o papel dos centros de difusão. E ainda vêm estes senhores, que nada sabem de estratégia internacional e da importância da língua comum para este potencial espaço económico e político comum aos Sete, falar da «língua e da pátria de Camões».

Enquanto durarem as ameaças de boicote à Cimeira dos Sete por parte de presidentes zangados com outros presidentes, não sabendo separar as coisas, pondo em cheque um projecto importantíssimo em termos geoestratégicos; enquanto continuar o desconhecimento da realidade brasileira pelos portugueses e vice-versa; enquanto se elaborar um projecto de futuro para ficar no arquivo dos «discursos-idílicos-que-soam--sempre-bem»; enquanto persistirem todos estes equívocos, complexos e fantasmas comuns quanto aos papéis e protagonismos de Portugal, do Brasil ou dos PALOP na tão necessária «Lusaliança»... não valerá a pena posar para a fotografia.

Continue, comissário Manuel Marín, e aproveite para dar umas explicações de vistas largas a outros senhores ibéricos e africanos de expressão portuguesa que, qualquer dia, já estarão também a falar unicamente espanhol ou inglês ou francês.

*(De: **Luís Ferreira Lopes**; África Hoje N.º 78, 1994/11)*

Brasil aposta forte em África

Angola, Moçambique, Guiné-Bissau, São Tomé e Príncipe e Cabo Verde tiveram convite especial para o «Primeiro Encontro Brasil-África de Negócios, Turismo e Cultura», realizado na segunda quinzena de Março em Salvador da Bahia.

O objectivo da iniciativa foi o de estimular o intercâmbio entre empresas brasileiras, dos PALOP e de vários países da África Subsaariana. A coordenação da «roda de negócios» pertenceu ao SEBRAE, organismo oficial de apoio às pequenas e médias empresas. A par dos negócios, o programa brasileiro «cozinhou» mostras de fotografia, artesanato, cinema, vídeo, artes plásticas, desfiles de moda, espectáculos de teatro, música e dança, tudo inserido no segundo «Congresso Brasileiro de Culturas Afro-americanas». Uma operação de charme com uma estratégia bem definida. O Governo brasileiro apoiou a iniciativa do Estado da Bahia e aproveitou a ocasião para lançar um guia para o intercâmbio económico entre Brasil e África. Brasília quer mudar os mercados tradicionais e apostar em algumas economias africanas.

Fazer bons negócios

Simbolicamente, a Bahia, onde chegaram muitos escravos do Golfo da Guiné e de outras regiões africanas, é agora de novo essa ponte entre o Brasil e África. Neste final de século, no Brasil, a tendência cultural africanista e tropicalista parece renascer em outros moldes, mais modernos e pragmáticos.

A cultura serve aqui, neste caso concreto de reforço da cooperação económica, de pretexto para «o que interessa mesmo» (o negócio) e os PALOP são mercados-alvo preferenciais dos empresários brasileiros. Brasília está fortemente interessada na África do Sul, Angola e Moçambique. Assim que o clima institucional de paz se verifique de facto em Angola, Petrobrás e Odebrecht são grandes empresas brasileiras com negócios de peso em Angola e já de olho em Moçambique.

Olhar para o futuro

Certamente pensando na Comunidade dos Povos de Língua Portuguesa, o Brasil pretende também investir nos cinco países africanos de língua portuguesa, nos sectores da educação e dos meios audiovisuais, com vista à alfabetização de massas, o que só demonstra inteligência política, visão estratégica para o futuro e não uma gestão míope de curto prazo.

Só quem não quer ver é que não percebe o tempo que o actual Governo português – e a maioria dos partidos políticos lusitanos – tem desperdiçado inutilmente, sem apresentar uma estratégia dinâmica e descomplexada que permita obter melhores resultados na cooperação com os PALOP.

Como já aqui sublinhámos por diversas vezes, se não houver maior desempenho das autoridades portuguesas na constituição formal – e no arranque definitivo e digno – da Comunidade dos Povos de Língua Portuguesa com 200 milhões de falantes da mesma língua, Portugal corre um risco grave.

Se Portugal continuar a olhar para a União Europeia como a única solução para a sua economia, já não se arrisca apenas a apanhar a última carruagem do «comboio da lusofonia» (com maquinista brasileiro...) como poderá vir ainda a ser encarado, por África e pelo Brasil, como o «avôzinho snob», complexado, agarrado à sua história colonial e a pretensões desfasadas do tempo real.

Pior do que isso, sem uma inversão de estratégia e de prioridades – e práticas – na sua política externa (sem que, obviamente, isso signifique um abandono dos compromissos assumidos com o espaço político e económico europeu), as autoridades portuguesas arriscam-se seriamente a deixar o país encurralado e hipotecado no seu pequeno quintal ibérico, e perdido no «caldeirão de ouro» europeu.

No que respeita à canalização de incentivos financeiros para o desenvolvimento económico integrado, da Comissão Europeia para Lisboa, o cenário é sombrio a curto e médio prazo. Como os ibéricos já deveriam saber, o centro está a deslocar-se para Leste e isso significa o «fecho da torneira» que «jorra» ecus. Só com projectos dinâmicos, arrojados e modernos Portugal poderá avançar, com garra, com um novo espírito de cooperação, e sem neo-colonialismos, neste espaço comum dos Sete que se expressam no idioma de Camões.

*(De: **Luís Ferreira Lopes**; África Hoje N.º 82, 1995/4)*

«Namorar» o gigante

O velho colonizador sorri jovialmente ao gigante sul-americano, de olhos postos nas potencialidades imensas da economia brasileira e também de todo o bloco Mercosul.

Vários empresários portugueses, da indústria aos serviços, foram convidados a participar em encontros de negócios nas capitais dos Estados de São Paulo, Minas Gerais e Rio Grande do Sul. Simultaneamente, o ICEP promoveu – nessas capitais estaduais e também no Rio de Janeiro – espectáculos de dança e música, mostrou o novo design, obras de arte, enfim, «um novo país».

Um anúncio de uma página foi publicado na principal revista semanal brasileira e a imprensa desses Estados deu alguma cobertura à campanha de imagem portuguesa. A nível nacional, brasileiro, mal se deu, no entanto, pela presença dos empresários portugueses. Mas, no fundo, um outro objectivo terá sido alcançado: mostrar um Brasil em crescimento ao empresário português – que geralmente receia arriscar a sorte fora de portas e está sempre à espera do proteccionismo do Estado.

A imagem que os portugueses em geral continuam a ter do Brasil é negativa ou distorcida, por desconhecimento, tal como o inverso é também realidade. São as favelas, a violência e a marginalidade do Rio, carnaval, futebol, automobilismo, cachaça e mulatas. O Brasil é também a Amazónia, a poluição e o sobredimensionamento de São Paulo (uma cidade com mais habitantes do que Portugal inteiro), o turismo do nordeste ou as cidades património mundial, verdadeiras jóias da arquitectura colonial portuguesa.

Motor do Mercosul

Este país do tamanho, praticamente, do continente europeu é muito mais do que isso. É um gigante em recursos naturais, um colosso de produção agrícola e industrial que oferece excelentes oportunidades de negócio para os investidores estrangeiros. Com estabilidade política (e de política financeira), o Brasil atravessa um período de crescimento explosivo, absorvendo os vizinhos do mercado comum da América do Sul.

O recente episódio da zanga do presidente argentino com Brasília, devido a uma alegada falta de cumprimento, por parte das autoridades brasileiras, do acordo sobre as quotas de importação de automóveis de fabrico argentino, veio demonstrar a debilidade económica argentina e a tranquila liderança de Fernando Henrique Cardoso no seu país e ainda sobre os outros parceiros do Mercosul, Uruguai e Paraguai – este um autêntico satélite brasileiro. Além disso, gigantescas fazendas de soja da Bolívia, que ocupam parte significativa daquele país, estão já nas mãos de empresários brasileiros – que compram lá terra «ao preço da chuva».

Os industriais portugueses que tiveram oportunidade de ver pelos seus próprios olhos o nível de vida e o crescimento económico dos Estados do sul, para baixo de São Paulo (Paraná, cuja capital, Curitiba, é um modelo de planeamento urbanístico a nível mundial, capa da revista Time no ano passado; Santa Catarina, com cidades tipicamente alemãs; e Rio Grande do Sul), vieram para Lisboa ou Porto decerto com uma imagem completamente diferente do tal «país irmão». Mesmo um pouco para cima, em Minas Gerais, o crescimento económico é também já imparável.

O motor da economia brasileira é, de facto, o eixo sulista, um Novo Mundo desenvolvido, com padrões da Europa dita civilizada. O resto do país continua a ter importância ao nível de recursos minerais e agro--industriais, suportados por uma vasta mão-de-obra barata e pouco qualificada, e uma estrutura fundiária, em especial no nordeste, que continua em poder de «meia dúzia» de «coronéis-empresários» – ou seja, o antigo modelo dos «capitães-donatários» do período inicial do império português.

Vantagens da língua

O Brasil é um mundo louro, negro, amarelo, branco, que fala português mas que praticamente desconhece Portugal («é o país que nos colonizou, onde tem o problema dos dentistas brasileiros, onde o Ayrton Senna tinha uma casa e onde se come e bebe bem...») e que, ao contrário do que pensa a maioria da classe política lisboeta (geralmente entretida

«*Namorar*» *o gigante* 127

apenas com politiquices vãs e fúteis pormenores de bastidores), não precisa de Portugal para «entrar» na União Europeia.

A verdade custa a engolir, mas seria bom que as autoridades portuguesas, com este ou com outro Governo, percebessem rapidamente que o maior relacionamento cultural e económico com o Brasil pode – e deveria – ser uma prioridade geo-estratégica para Portugal. Para quem quiser investir neste mercado, há que contar com a forte classe média dos Estados do sul, com um razoável poder de compra. Há que lembrar a sobrevalorização cambial do real face ao dólar norte-americano, que levanta sérias dúvidas aos analistas europeus e norte-americanos quanto à sua durabilidade. Mas há que recordar também a reduzida dimensão das empresas portuguesas perante um mercado gigantesco e os hábitos de consumo, em muitos aspectos (caso da alimentação) bem diferentes do cliente português. Lá porque fala a mesma língua, deve-se ter em conta que o brasileiro tem uma cultura e uma mentalidade diferentes, em muitos aspectos, das portuguesas, sendo notória a influência dos padrões culturais norte-americanos.

Em todo o Brasil – especialmente no Rio e em São Paulo, onde vive uma grande comunidade portuguesa, mas também no sul e no nordeste – esta «diplomacia empresarial» portuguesa deveria apostar mais na promoção da imagem dos produtos portugueses através de um melhor relacionamento, por exemplo, com os consulados e – atenção, porque esta dica não é de desprezar... – os restaurantes portugueses, verdadeiros «centros culturais» de Portugal e geralmente frequentados pela elite económica e cultural brasileira. Apesar da moeda sobrevalorizada, dos elevados custos do transporte intercontinental e de seguro portuário (caso do porto de Santos) e das taxas alfandegárias de peso significativo, este é um mercado cujo crescimento e desenvolvimento integrado é, ao que tudo indica, irreversível.

O empresário português, e até algum africano, ao apostar no Brasil e, consequentemente, no Mercosul, poderá dar um passo cultural e institucional da maior importância se, pelo menos, Portugal conseguir romper – na prática, através do aumento das trocas comerciais e da maior e mais dinâmica aproximação cultural – a perigosa teia de um relacionamento bolorento, hipócrita, pleno de equívocos, de desconhecimentos e imagens distorcidas, de ambas as partes, que tem caracterizado a secular ligação entre Portugal e o Brasil. Só por falta de estratégia, visão de longo prazo e desconhecimento das realidades ibérica, sul-americana e africana, é que – neste final de século e de milénio – os empresários e os estadistas brasileiros, portugueses e dos países africanos que ainda se expressam em português perderiam a oportunidade de se unirem institucionalmente, através da criação formal de uma entidade cultural que, na prática, já existe e se encontra totalmente subaproveitada.

Referimo-nos, obviamente, à Comunidade dos Povos de Língua Portuguesa, que, para além do património comum e do interessante contacto entre as diferentes realidades culturais, representa um interessante mercado com vantagens para todas as partes, nomeadamente para a revitalização dos sectores produtivos de Portugal e dos países africanos de língua oficial portuguesa, em plano de igualdade e sem revanchismos ou neo-colonialismos.

Sem utopias e ingenuidades, esta seria também uma forma de valorizar uma das línguas mais faladas no Mundo. É só querer, sentar a uma mesa, conversar, tirar tudo a limpo, afastar traumas e fantasmas, e lutar contra o tempo e as oportunidades perdidas.

*(De: **Luís Ferreira Lopes**; África Hoje N.º 85, 1995/7)*

Apostar ou morrer

Novo Governo, vida nova em Portugal. Depois da análise dos «dossiers» e das heranças – com várias surpresas e muitos «presentes envenenados» – de 10 anos de governos de Aníbal Cavaco Silva, é tempo de «arregaçar as mangas» e passar à rápida e eficaz execução dos novos objectivos políticos da equipa liderada por António Guterres.

As atenções estão voltadas agora para a resolução de problemas internos, na educação, saúde ou emprego, mas também para a aplicação de novas políticas nas áreas da cooperação com os países africanos de língua oficial portuguesa e o Brasil, e ainda na indústria e comércio externo.

Portugal encontra-se numa complexa encruzilhada. Hesita na viragem para os mercados do hemisfério sul, enquanto a União Europeia, liderada pela Alemanha, se vira para leste e aplica cada vez mais apoios financeiros nos países ex-comunistas do Leste europeu, por motivos político-económicos e geo-estratégicos.

Os subsídios comunitários, que encheram tantas carteiras a empresários portugueses, deverão durar apenas até ao final da década. Isto significa que, dentro de poucos anos, vai acabar o «balão de soro» que tem prolongado artificialmente a vida frágil de grande parte das empresas portuguesas.

De norte a sul do país, uma forte percentagem das empresas nas áreas da indústria e agricultura ou do comércio não está a aguentar o choque da abertura plena das fronteiras aos produtos europeus, muitas vezes com maior qualidade e a preços mais competitivos... e acabará por morrer.

A saída não é vender refugo

Há soluções conhecidas mas nem sempre fáceis de aplicar, dada a tradicional mentalidade individualista do empresário português. São dois os principais caminhos para a viabilidade do tecido produtivo lusitano: a formação de grupos fortes, através de fusões, associativismo e cooperativismo; e a criação de empresas mais flexíveis, com estruturas leves, viradas para a conquista de segmentos e nichos de mercado.

E o que produzir? Como ganhar a aposta da competitividade? Para dar respostas talvez não tivesse sido necessário o famoso Relatório Porter. Bastaria puxar pela cabeça e ter a noção da realidade para se saber o que Portugal pode produzir e vender bem. De qualquer modo, o estudo existe e deve ser aplicado quanto antes, dada a sua qualidade.

Portugal possui bons produtos nos sectores dos têxteis, calçado, vinho, entre outros. Só tem é de apostar mais na especialização, no controlo de qualidade, num marketing mais evoluído e arejado, e na conquista nos circuitos de distribuição. Os portugueses sabem produzir em qualidade quando querem, mas, na maior parte das vezes, o que não sabem é vender os seus produtos.

Agora, se não consegue competir com França, Espanha ou Alemanha, o empresário português não pode pensar que a saída é «vender refugo» para África! A conquista dos mercados africanos e também, em especial, do Mercosul, não poderá traduzir-se numa diminuição da qualidade na produção, porque isso é arrastar o problema e pode levar à falência, dado que os seus clientes brasileiros ou africanos também não são parvos.

Um pé no sul, outro na Europa

Sem perder um minuto na reconversão e no aumento da competitividade das suas empresas, Portugal tem de seleccionar novos mercados onde pode obter vantagens. Como temos defendido nestas páginas desde há quase dois anos, isso significa uma viragem para Sul, para a África Austral e para o Brasil-Mercosul, sem abandonar o entusiasmo com o projecto europeu.

Os empresários portugueses vão ter de acreditar e apostar na qualidade dos seus produtos e partir à conquista de mercados claramente subaproveitados. Ficar à espera do proteccionismo do Estado, não arriscar, nem «sair da toca», é perder oportunidades, é ficar enclausurado no pequeno rectângulo ibérico e ser trucidado, dentro de casa, pela forte concorrência europeia asiática, e até, nalguns sectores, do Magrebe.

Num contexto de paz, a África Austral é, sem dúvida, um forte mercado. Quando Angola e Moçambique começarem a produzir à escala das suas potencialidades – com o apoio e investimento de parceiros regionais e internacionais atraídos pelas matérias-primas, mão-de-obra barata (embora pouco qualificada) e localização estratégica – toda a África Subsaariana poderá recuperar o tempo perdido.

De igual modo, o desenvolvimento do Brasil, líder do Mercosul (mercado ambicionado pelos Estados Unidos e por todo o bloco NAFTA), pode provocar um surto de crescimento económico em toda a América Latina. Convirá sublinhar que o mercado brasileiro é mais exigente que o africano, em especial no eixo a sul de São Paulo.

Este já não é o tempo do «portuga chico-esperto», nem o verdadeiro consumidor brasileiro é o «povão» das favelas que os empresários lusitanos – ou os que nunca saíram das fozes do Tejo ou do Douro – vêem nas telenovelas. O Brasil é um dos países mais ricos do Mundo e não precisa de Portugal, nem sequer para entrar na Europa.

Apostar na CPLP

O certo é que, consciente das suas limitações estruturais, Portugal pode obter vantagens da sua ligação ao Brasil e aos PALOP através da Comunidade dos Povos de Língua Portuguesa. Sem utopias e mitos do «Quinto Império», sem fantasmas ideológicos e raciais, sem neocolonialismos, a CPLP pode constituir-se num poderoso mercado comum intercontinental, com vantagens para todos os seus membros.

Apostar no reforço da capacidade competitiva dos produtos portugueses e, simultaneamente, numa política solidamente delineada de promoção da imagem de Portugal no exterior é, mais do que nunca, a prioridade vital para a viabilidade económica e o futuro do país.

Trata-se, sobretudo, de «dar um abanão» no modo de fazer política e negócios com o exterior e, rapidamente, reorientar e revitalizar o ICEP (Investimentos, Comércio e Turismo de Portugal) e o ICP (Instituto para a Cooperação Portuguesa), instrumentos privilegiados para a aplicação planificada das novas estratégias.

Como em muitos outros organismos públicos, é preciso «limpar e arrumar a casa», sem revanchismos e novos clientelismos – o que nem sempre é fácil de realizar. Há técnicos competentes subaproveitados e problemas estruturais graves que urge resolver neste tipo de entidades. E há também uma nova relação a estabelecer entre ICEP, ICP, embaixadas e consulados espalhados pelo Mundo.

Vender bem a imagem de um país – que precisa de atrair investidores estrangeiros e, ao mesmo tempo, exportar os produtos nacionais – é algo que não pode estar sujeito às guerrilhas e intrigas palacianas das medíocres desavenças de corredor de técnicos e diplomatas – que várias vezes colocam a sua ambição profissional acima dos interesses do Estado – ou de carreiristas cinzentos e sem imaginação que povoam o universo da diplomacia política e económica portuguesa.

A última oportunidade

Não há tempo para amadorismos e aventureirismos inconsequentes, proteccionismos despropositados e hesitações de estratégia política e empresarial. Tudo isso tem custos elevados que Portugal não pode suportar.

Não é demais recordar que Portugal está a ser ultrapassado em mercados do hemisfério·sul onde continua a poder competir com vantagem. Os empresários lusitanos, por muito que isso lhes custe a ouvir e a ler, não têm sabido aproveitar as oportunidades de negócio oferecidas, por exemplo, pelos novos blocos regionais do Mercosul ou da África Austral (SADC). Em tempo de passagem de milénio – e na véspera da constituição formal da CPLP, ou seja, do novo bloco político, cultural e económico lusófono – não são precisos rasgos de génio mas sim pragmatismo e lucidez, mais chama, mais garra, maior visão estratégica.

Exige-se, única e simplesmente, que governantes e empresários abram os olhos e acreditem mais nas capacidades dos portugueses, na produção com qualidade e no investimento mais esclarecido e dinâmico em novos mercados. Antes que seja tarde demais...

*(De: **Luís Ferreira Lopes**; África Hoje N.º 90, 1995/12)*

Porquê investir em Angola?

A recente visita do chefe do Governo angolano vem demonstrar a urgência de uma viragem estratégica da economia portuguesa para o Sul. Há oportunidades, há vontade política local e o contexto propício ao investimento é aceitável. Mas há que reflectir com profundidade sobre o que realmente está em jogo. Os empresários portugueses já compreenderam – e ouviram os políticos que, embora não entendam, gostam de empregar palavras caras... – o novo fenómeno da globalização da economia, que apresenta duas características evidentes:

1.ª – Interdependência estrutural das potências e dos blocos económicos à escala global. Exemplos: EUA/Japão, União Europeia/mercados do Leste europeu, Ocidente desenvolvido/China e outros mercados asiáticos emergentes.

2.ª – Formação constante de blocos fortes e coesos nesta segunda metade do século XX. Exemplos: União Europeia, NAFTA (Canadá, EUA, México), Mercosul (Brasil, Argentina, Uruguai e Paraguai), SADC (países da África Austral).

Apesar dos inúmeros problemas estruturais, África possui vantagens comparativas, também conhecidas dos empresários europeus: matérias-primas, mão-de-obra barata (mas pouco qualificada), localização estratégica – o que, no conjunto, talvez não seja suficiente para o necessário crescimento económico do continente.

Novas condições

Os governos africanos terão de ter uma outra atitude se quiserem captar maior volume de investimento estrangeiro: maior facilidade na implantação do investimento, menor carga fiscal, maior facilidade na repatriação dos lucros.

Os Estados africanos têm de assumir uma nova postura negocial ou comercial, contrariando a habitual postura de pedinte ou dependente das «esmolas» internacionais, já que ninguém está para dar dinheiro e alimentos que se perdem no «saco» da corrupção e da má gestão que afecta boa parte dos países africanos.

A verdade é que o empresário português, que compreende estes fenómenos, se encontra num patamar privilegiado de observação, numa «varanda espaço-temporal» única.

Vivemos numa época especial, de final do século e do milénio, com todos os fenómenos culturais subjacentes ao saudosismo próprio do fim de um ciclo de vida, à procura de uma ansiada nova ordem política e económica mundial.

Portugal pode, por outro lado, aproveitar hoje a vantagem geo--estratégica, uma vez que, mesmo na União Europeia, está voltado para o hemisfério sul, formando um novo triângulo cultural, social e económico com o Brasil e os PALOP.

A «encruzilhada lusitana» pode ser comparada ao dilema do início das Descobertas há 500 anos, quando os portugueses, impelidos sobretudo por motivos económicos, partiram à conquista de novos mercados.

A mentalidade terá, agora, de ser obviamente diferente, sem neocolonialismos ou sonhos imperiais desfasados da realidade. As utopias próprias deste período de final não poderão amarrar os portugueses aos mitos do «Quinto Império» e a outros mitos do Sebastianismo. A situação vivida actualmente em Portugal exige respostas pragmáticas.

«Aposta África»

Num contexto de paz, a África Austral é, sem dúvida, um forte mercado. Quando Angola e Moçambique começarem a produzir a sério, impulsionadas pelos parceiros regionais e internacionais, toda a África abaixo do hemisfério sul será impulsionada.

Nas mesmas condições, o Brasil, líder do Mercosul (mercado ambicionado pelos EUA e o bloco NAFTA), pode provocar um efeito de forte crescimento em toda a América Latina.

Consciente das suas limitações estruturais, Portugal pode obter vantagens na ligação destes dois grandes mercados do futuro. A Comunidade dos Povos de Língua Portuguesa, sem utopias e irrealismos, pode, de facto, ser um mercado intercontinental extremamente poderoso, com vantagens para todos os Estados-membros.

Porquê investir em Angola?   135

Há que não esquecer, no entanto, algumas questões fundamentais:

a) As empresas portuguesas ou conseguem reestruturar-se rapidamente dentro do contexto ibérico e europeu, ou morrem, ou procuram sobreviver com as suas debilidades estruturais nos mercados africanos, por enquanto ainda não muito exigentes;

b) Portugal terá de apostar, nessa viragem para os PALOP, na criação de meios qualificados para que, em tempo útil, se consiga fazer a «passagem de testemunho» dos conhecimentos valiosíssimos de uma geração profundamente conhecedora da realidade dos trópicos, que está a envelhecer.

Lisboa perde terreno

O tão propalado «know how» português corre sérios riscos de se ficar pelas prateleiras de uma qualquer biblioteca de um centro de investigação em Lisboa, quando há cada vez mais jovens generosos, e já com boa formação teórica, que anseia partir à aventura e trabalhar em África. Esta é a realidade e não a podemos escamotear. Os portugueses que conhecem bem o terreno africano têm mais de 50 anos. Já não podem fazer trabalho de campo, investigar, plantar, produzir em larga escala. Estão cansados e desiludidos. Só os que mantêm acesa a paixão africana insistem em arriscar o regresso. Mas, entre os mais velhos, já são poucos.

Construir novos mercados, diversificar as formas de sobrevivência deste pequeno rectângulo ibérico, passa por uma nova atitude, menos «lamecha», da actual geração do poder, porque a juventude portuguesa começa a perceber que o seu destino não pode ficar confinado a um «jardim (seco) à beira-mar plantado», o que pode realmente acontecer com a cada vez maior deslocação do centro da União Europeia – e dos fundos estruturais – para os novos mercados do Leste europeu.

c) Os governos africanos têm forçosamente de demonstrar credibilidade técnica e maior capacidade de atrair investimento externo. Isto implica: maior adequação às regras da economia de mercado; menor burocracia e morosidade na análise dos projectos; resolver problemas de infra-estruturas e de mão-de-obra; diversificar formas de pagamento, já que começa a ser insustentável para alguns países africanos pagar tudo à base da hipoteca, por exemplo, das reservas de petróleo ou diamantes.

Investir em quê?

d) Quem investe em África terá também de estar atento aos sinais dados por importantes organizações mundiais. FMI e Banco Mundial, pressionados pelos Estados Unidos (a administração Clinton está mais preocupada em resolver os problemas internos norte-americanos e os da explosiva Rússia), já afirmaram claramente que, de futuro, o apoio financeiro a projectos gigantescos de infra-estruturas nos países em desenvolvimento, nomeadamente em África, será menor.

O Banco Mundial diz mesmo que a construção, exploração e rentabilização das infra-estruturas deverá caber aos privados, às multinacionais que queiram investir em África. A administração Clinton já afirmou que a relação dos EUA com África terá de ser diferente: tudo terá de ser baseado em relações comerciais e África deixará, para o bem e para o mal, de ser vista como o «pedinte» que sobrevive graças às «esmolas» dos mais ricos. Ou seja, tanto a União Europeia como os EUA olham cada vez mais a África Austral como um parceiro comercial vantajoso, o que deixa antever boas perspectivas para as economias africanas, pelo menos no plano teórico.

Mas a questão das infra-estruturas levantada pelo Banco Mundial coloca problemas graves: estarão as empresas estrangeiras interessadas em investir neste tipo de projectos? Com que contrapartidas e ganhos? E os governos africanos deixarão que uma empresa que construa uma ponte ou uma importante estrada fique com a sua exploração durante um período dilatado?

O investidor estrangeiro tem de lucrar. É assim a economia, sempre foi assim a história, com ou sem colonialismos. Para captar mais investidores é preciso oferecer melhores condições. E esse é também o caso de Angola.

Visitar um país amigo, tentar negociar a dívida e «piscar o olho» aos empresários pode não chegar. Os investidores precisam de mais certezas. Podem investir com segurança? Com que garantias? A luta das facções políticas e as rivalidades étnicas dentro do mesmo Estado não arrasarão de novo com todas as esperanças? Angola quer ou não recuperar o tempo perdido?

*(De: **Luís Ferreira Lopes**; África Hoje N.º 95, 1996/5)*

Comunidade lusófona: para que te quero?

Estamos num mês em que se multiplicam iniciativas e reflexões sobre as potencialidades do espaço comum dos sete países que falam e escrevem a língua portuguesa. Está na ordem do dia a constituição, há tanto tempo sonhada mas por diversas vezes adiada, da Comunidade de Países de Língua Portuguesa.

Independentemente dos motivos que têm atrasado a concretização daquele acordo, da sua viabilidade efectiva enquanto projecto comum e das vantagens e potencialidades que tem para oferecer aos seus membros, independentemente de se saber qual a posição de Portugal e qual o interesse do Governo neste processo, o suporte fundamental da CPLP é a língua. Entendida, julgamos nós, como elemento de ligação histórica entre povos, bem como elemento chave na consolidação de uma relação económica.

Porque será que os principais mercados em África para as empresas portuguesas, em termos de comércio e de investimento, são os mercados dos PALOP? Porque será que os países africanos francófonos são os principais clientes de França em África? Porque será que a Guiné Equatorial, única ex-colónia espanhola na África Subsaariana, é o principal destino da ajuda pública espanhola e um dos principais mercados das empresas do país vizinho na região? Não será porque se faz – e bem – o aproveitamento daquilo que é a herança histórica destes países, ou seja, o aproveitamento de um idioma que permite o diálogo, o aproveitamento de uma tradição cultural que existe e facilita a compreensão?

África não é coutada

Terá chegado o momento, sem qualquer tipo de constrangimento, de o Governo português afirmar o interesse económico que representa a criação de um espaço lusófono. É tempo de afirmar que a ligação cultural e linguística existente entre os Sete representa um dos objectivos fulcrais da cooperação enquanto instrumento de excelência para a consolidação de uma relação económica, sem que isso signifique – como seria desejo de certos políticos e empresários – considerar a África que fala português como uma coutada. Aliás, acontecimentos recentes – nomeadamente, a entrada de Moçambique na Commonwealth e a discussão em torno da possível adesão da Guiné-Bissau ao espaço francófono – demonstram a possibilidade, por parte dos PALOP, de encontrar alternativas eficazes a um relacionamento potencial com Portugal.

Longe de nós colocar em causa a manutenção da assistência aos PALOP, quando feita por forma a responsabilizar os governantes africanos. Todavia, é imperioso reconhecer que o fortalecimento dos laços culturais e linguísticos entre estes países é a melhor forma de adquirir um espaço de influência económica, com os inevitáveis ganhos político--diplomáticos no quadro da inserção europeia e num contexto de globalização da economia mundial.

A menos que se queira desprezar definitivamente a relação histórica existente entre os sete países que falam português, a globalização das economias e a tendência de formação, consolidação e expansão de fortes blocos económicos impõem que Portugal (membro da União Europeia), Brasil (membro do Mercosul) e os PALOP (que, além de integrarem diversas organizações económicas africanas, são mercados com potencialidades e oportunidades várias) formem um espaço económico. Obrigatoriamente de características especiais, na medida em que a distância geográfica que separa, fisicamente, alguns dos países membros dessa comunidade deverá ser superada pela forte ligação cultural e linguística.

Às portas do século XXI, Portugal poderá encarar este espaço cultural e económico não só como um suporte à sua participação na comunidade política e económica europeia mas também como mais uma alternativa para a reconversão e expansão do seu tecido económico.

Renovar a RTPi

Contudo, não basta afirmar; é imperioso agir. Começando por reequacionar as estratégias que têm sido seguidas em matéria de cooperação cultural e apostando na criatividade e na inovação. Não convirá

Comunidade lusófona: para que te quero? 139

esquecer que este domínio tem merecido por parte de outros países europeus um tratamento muito cuidado. Basta pensar na política seguida pela França que, inclusive, já abriu centros culturais em Bissau e Maputo, este último fora da «zona tradicional de influência francófona».

Numa estratégia de reforço da presença cultural portuguesa nos mercados africanos, os meios audiovisuais podem ter um papel determinante, sem que isso se traduza numa imposição dos padrões culturais de Lisboa. As televisões públicas de França, Grã-Bretanha ou Espanha, com forte implantação nas respectivas zonas de influência através da qualidade da programação e de uma produção informativa especificamente dirigida aos seus mercados externos, são um exemplo a seguir pelo Estado português. Todavia, no caso português, a RTP Internacional está subaproveitada e mal gerida.

Apesar do recente anúncio da criação de um canal RTP África (que se espera tenha melhor conteúdo que as emissões do canal internacional público), a RTPi não pode ser um depósito de programas desactualizados, filmes portugueses antigos, concursos estupidificantes. O Estado português não pode continuar a gastar rios de dinheiro num projecto que anda à deriva, sem uma lógica de programação própria e adaptada às realidades sócio-culturais dos PALOP e das comunidades de emigrantes portugueses, que – ao contrário do que pensam certos pretensos intelectuais de Lisboa – não se interessam apenas por futebol, fado e «xaropadas» saudosistas. Se o actual Governo tem uma estratégia cultural para o espaço da lusofonia (até agora não demonstrada), então esta é a altura certa paras reforçar verbas e inovar programas televisivos da RTPi. É urgente renovar todos os conceitos de cooperação cultural com África e Brasil. Está-se a perder tempo e dinheiro por pura ineficácia política.

Não são os concursos para consumo unicamente português ou os programas «tipo-Marco-Paulo-para-emigrante-português-em-França--ver» que podem desempenhar um papel relevante na difusão da língua portuguesa junto dos africanos. Há um novo mercado, em termos audiovisuais, a explorar pela pujante indústria audiovisual brasileira e pela incipiente congénere portuguesa; e esse mercado é o do espaço lusófono. Documentários sobre a vida selvagem na África Lusófona ou no Brasil, novelas com a participação de actores dos Sete, séries e filmes de qualidade em co-produção lusófona, concursos que abordem temas africanos, noticiários especificamente da CPLP ou programas de economia dos Sete... tudo isto está ainda por fazer.

Centros culturais sem estratégia

Dado que uma língua existe enquanto é útil e enquanto é um elemento congregador da unidade nacional, veículo comum no relacionamento entre várias etnias, a estratégia de Portugal no domínio da cooperação cultural deveria, também, passar pelo reforço dos centros de difusão da língua e da cultura partilhadas oficialmente pelos membros desta comunidade de perto de 200 milhões de potenciais falantes da língua portuguesa.

Os centros culturais desempenham – mal ou bem, é isso o que pretendemos saber num trabalho de investigação a realizar, cujo projecto apresentámos recentemente ao Instituto de Estudos para o Desenvolvimento – o papel de elementos fundamentais, de núcleos centrais de consolidação e difusão da língua e cultura lusófonas. Estas estruturas são constantemente procuradas pela oferta de bens culturais, pela possibilidade de aprendizagem num espaço de consulta, reflexão, informação e convívio. A integração dos centros culturais nas comunidades locais poderá, no entanto, ser aprofundada através do reforço substancial dos meios financeiros e técnicos, da formação de recursos humanos e da dinamização cultural, pelo teatro, meios audiovisuais, artes plásticas, literatura, meios informáticos, e, sobretudo, pela difusão maciça de material de ensino básico adaptado às realidades dos países africanos lusófonos.

Portugal tem sete centros culturais em outras tantas cidades dos PALOP: Luanda, em Angola; Cidade da Praia e Mindelo, em Cabo Verde; Bissau, na Guiné-Bissau; São Tomé, em São Tomé e Príncipe; Maputo e Beira, em Moçambique. Segundo observadores privilegiados, à excepção de dois ou três desses centros, que realizam com alguma regularidade iniciativas como exposições, colóquios e teatro, a actividade dos restantes é pautada pela ausência de acções, o que acaba por transformar aqueles espaços em simples salas de leitura de jornais e revistas.

Passar à prática

Urge, por isso, promover uma análise sobre a problemática da cooperação cultural portuguesa com os países africanos de língua oficial portuguesa, e nos seguintes aspectos:

Comunidade lusófona: para que te quero?

1 – Identificação das principais instituições nacionais (públicas e privadas) que desenvolvem actividades de cooperação cultural no espaço dos PALOP;

2 – Discussão e problematização da política de cooperação cultural no âmbito dos esforços da cooperação portuguesa – recursos humanos e financeiros mobilizados, papéis da cooperação pública e da cooperação privada, a influência das políticas de cooperação bilaterais e multilaterais;

3 – Estudo das plataformas de decisão e dos factores que condicionam a definição das políticas de cooperação cultural Portugal-PALOP – as expectativas e solicitações locais, as comissões mistas, as análises de situação efectuadas pelos representantes da cooperação oficial portuguesa;

4 – Análise da eficácia do investimento português em termos de cooperação cultural a partir da discussão do tema com observadores privilegiados no terreno (autoridades locais, adidos culturais, leitores de português, entre outros), bem como a avaliação que é feita pelos utilizadores dos centros culturais de Portugal nos Cinco;

5 – Discussão do papel e do tipo de intervenção que, nesta área, podes ser assegurados pela RTPi e pela RDPi.

Estas dimensões analíticas deverão oferecer respostas, entre outras, às seguintes questões fundamentais:

a) Quais as principais potencialidades e dificuldades para a afirmação da língua e da cultura portuguesas nos PALOP?

b) Que importância podem ter os centros culturais portugueses enquanto instrumento da política de cooperação externa e enquanto meios de difusão da língua e da cultura portuguesas?

c) Quais as principais expectativas e propostas dos utilizadores dos centros culturais em relação ao funcionamento destes?

d) Será que a RTPi e a RDPi estão a ir ao encontro das expectativas dos seus telespectadores e ouvintes?

Os benefícios da cooperação cultural no espaço lusófono em geral, e da acção dos centros culturais portugueses nos PALOP em especial, não se limitam à área cultural; abrangem, nomeadamente, sectores como a educação, as actividades artísticas e a ocupação de tempos livres. Todo o investimento que se faça nesta área sócio-cultural, justificável por imperativos de ordem política, histórica e cultural, permitirão certamente potenciar a dimensão económica e empresarial do espaço de língua portuguesa. Caso contrário, será inútil o «show off» da cimeira dos chefes de Estado lusófonos e a vontade manifestada pelos Governos dos Sete para reaproximar povos que, por enquanto, ainda se entendem na mesma língua.

*(De: **Luís Ferreira Lopes**, **Octávio dos Santos**, **Rui Almas** e **Victor Cavaco**; Diário Económico N.º 1381, 1996/7/31)*

Onde está a «diplomacia económica»?

O «divórcio» existente entre a estrutura política e técnica dos diplomatas de carreira ou os delegados do ICEP e os poucos empresários portugueses que arriscam na internacionalização continua a dificultar a aposta portuguesa na chamada «diplomacia económica».

Esta constatação, já bem conhecida de diversos empresários de Lisboa e do Porto, tem cabimento a propósito da aprovação, em meados de Março, de um novo plano de internacionalização da economia portuguesa que, segundo o Governo, irá reduzir a burocracia no acesso aos apoios financeiros e estimular o apetite dos empresários pelo investimento «fora de portas». Mesmo apesar do empenho do actual Governo no reforço do investimento directo e da presença cultural de Portugal em África ou no Brasil; mesmo apesar de recentes visitas de Estado com evidente simbolismo e profundo significado político, há uma inércia que se mantém e abafa todo o discurso e eventual vontade política dos governantes em alterar o modo de actuar de Lisboa, no que respeita à condução da sua política externa em matéria de promoção dos interesses económicos nacionais.

Num momento em que Portugal procura, a todo o custo, entrar para o pelotão da frente da moeda única europeia e, ao mesmo tempo, diversificar investimentos e trocas comerciais no eixo atlântico Mercosul/mercados emergentes africanos, é curioso continuar a ouvir queixas e críticas duras de influentes empresários portugueses de que, afinal, o Ministério dos Negócios Estrangeiros e, concretamente, as embaixadas, mais não são do que pesadas e ineficazes repartições estatais, profundamente burocráticas, que raramente se articulam com o ICEP e o Ministério da Economia e os próprios grupos ou associações empresariais.

Sem pretender generalizar ou retirar mérito aos profissionais mais empenhados, a verdade é que, numa época de globalização de mercados e da informação (quando as notícias «voam» na CNN ou nas agências noticiosas), há funcionários das Necessidades que insistem em dar toda a importância à divulgação para Lisboa de assuntos políticos de circunstância (muitas vezes logo conhecidos dos dirigentes das Necessidades, via órgãos de informação...), passando o tempo – talvez para sua própria frustração – a assinar documentos que uma secretária eficaz e um computador razoável podem «despachar» em breves horas. Com esta caricatura não pretendo sustentar a tese de que todos os diplomatas são «mangas-de-alpaca», unicamente preocupados com meras questões de protocolo e nervosamente empenhados na preparação de viagens ou recepções dos governantes de Lisboa ou do estrangeiro.

Permito-me, no entanto, sublinhar a amargura de muitos empresários que continuam a lamentar-se da falta de apoios práticos e eficazes das autoridades portuguesas em mercados externos. Um país pequeno e com tão poucos recursos como Portugal não se pode dar ao luxo de não utilizar todos os meios diplomáticos disponíveis – ou não se empenhar suficientemente – na promoção dos produtos portugueses. Defendo que, no limite, uma embaixada mais não é do que uma filial de uma empresa que vende produtos com a marca «Portugal» e que deve gerir informação estratégica, traçando cenários de evolução de oportunidades nos mercados de maior interesse para os empresários portugueses.

A frieza e aparente simplicidade desta tese traduz algo que é de fácil entendimento para diversos investidores estrangeiros em Portugal. Há exemplos bem conhecidos da eficácia diplomática alemã, norte-americana ou japonesa na promoção dos seus produtos e investimentos externos, que poderiam servir de inspiração a Portugal. Só a falta de vontade política em não incrementar a tal «diplomacia económica» através de mais «res non verba» (actos e não palavras), e também a fraca capacidade de internacionalização dos empreendedores portugueses (com raras excepções de apostas bem sucedidas em mercados externos) explicam este marasmo, este «encolher de ombros» infelizmente tão corrente entre os portugueses.

Com a recente aposta política no Mercosul e em certos mercados africanos, e com a introdução do gás natural em Portugal proveniente do norte de África, a diplomacia portuguesa deveria fomentar e seleccionar criteriosamente a sua acção nas áreas geográficas onde há, de facto, que proteger e estimular os interesses vitais de Portugal, seja ao nível da energia (Magrebe, Golfo da Guiné ou Golfo Pérsico), seja ao nível do investimento industrial, agrícola ou comercial (África, Brasil e Ásia).

Onde está a «diplomacia económica»?

É certo que o recente plano de internacionalização da economia portuguesa traduz esta preocupação, mas será preciso aplicá-lo com entusiasmo e sem receios, divulgando-o eficazmente junto dos empresários, alterando atitudes e mentalidades, integrando melhor a estratégia dos Ministérios da Economia e dos Negócios Estrangeiros, saltando por cima da pequenez dos corredores bafientos das chancelarias.

Continuo a defender que Portugal deve apostar seriamente na diversificação dos seus investimentos em mercados onde ainda consegue extrair vantagens competitivas, em especial no hemisfério sul, para atenuar os efeitos da fraca capacidade de competição das empresas portuguesas no espaço europeu e dentro de sua própria casa, onde espanhóis e alemães ditam cada vez mais as regras no comércio ou na indústria. O «jardim à beira-mar plantado» está a tornar-se perigosamente numa «horta seca» (nome da rua onde, curiosamente, se situa o ministério português da economia) com um futuro muito cinzento.

Tudo parece apontar para a chegada de «dias negros» a Portugal, depois da realização da Expo 98 e das obras públicas adjacentes na região de Lisboa, da redução drástica dos fundos comunitários, sem esquecer a evolução da passagem de Macau para as mãos de Pequim (esperemos que bem sucedida) ou do processo político na África Austral pós Nelson Mandela – onde vivem largos milhares de portugueses. Todos nós ansiamos para a não concretização deste cenário: o desemprego deverá disparar e a tensão social aumentar, e, pior que tudo, o crescimento da economia portuguesa poderá desacelerar, ou até estagnar, se o mercado europeu dos têxteis, por exemplo, ficar mais aberto aos asiáticos ou se a Alemanha continuar a apostar tudo no leste europeu.

Esta não é uma crónica de previsões pessimistas escrita por um qualquer «Velho do Restelo». É apenas uma preocupação realista com o futuro de Portugal, lembrando cenários que poderão colocar-se a médio prazo se a economia portuguesa não reduzir o seu grau de dependência do mercado europeu. Sempre quero ver se há ou não coragem política do actual Governo português para reestruturar, com eficácia e rapidamente, os serviços diplomáticos e de promoção económica, incutindo-lhes maior dinamismo, menos cinzentismo e fornecendo-lhes maior capacidade de acção. Ao mesmo tempo, é preciso apostar na melhoria das relações culturais e de entendimento político com os Estados que em português (ainda) se entendem.

Para que os bons resultados apareçam, é preciso também que os empresários de Lisboa e Porto se deixem de lamúrias, pressionem mais o poder político para que o Estado seja mais ágil, aproveitem melhor as oportunidades existentes em mercados atractivos e os apoios financeiros europeus ao investimento nos países ACP (África, Caraíbas e Pacífico), sem estarem sempre a contar com o proteccionismo do «papá-Estado». Caso contrário, nada valerá a pena se a alma continuar pequena.

*(De: **Luís Ferreira Lopes**; África Hoje N.º 104, 1997/4)*

O Novo Império

A Comunidade dos Países de Língua Portuguesa, instituída formalmente no dia 17 de Julho de 1996, talvez devesse ser designada por Comunidade das Pessoas de Língua Portuguesa.

O espaço lusófono não é apenas constituído por sete países independentes e por outro – Timor – que ainda não o é. A lusofonia também abrange todos os outros locais do Mundo onde existem comunidades de emigrantes portugueses, africanos e brasileiros. Cada homem ou mulher que fala português é um elemento desse território sem fronteiras. E se as novas tecnologias da informação forem utilizadas no aproveitamento de todas estas potencialidades, poderá tornar-se real a ideia de Fernando Pessoa de a nossa pátria ser a língua portuguesa.

Portugal, Brasil e os países africanos de língua oficial portuguesa têm uma grande riqueza em cultura, mas não têm sabido potencializá-la para construírem uma sociedade, ou sociedades, da informação, adaptadas às características e necessidades dos Sete, por um lado, e às dos seus cidadãos que vivem noutros países, por outro. Portugal, Brasil e os Cinco deverão ser mais activos no desenvolvimento de uma indústria de informação, através do aproveitamento e rendibilização do seu recurso mais valioso: a língua portuguesa.

Produzir e consumir multimédia

A promoção de uma indústria de informação no espaço lusófono significa o incentivo à constituição de entidades ligadas ao tratamento multimédia da informação. O que falta aos Sete – além de muitas outras coisas, evidentemente – é a capacidade de tratar essa informação numa perspectiva multimédia, de forma a torná-la acessível a camadas mais alargadas das populações desses países.

Ao mesmo tempo, é necessário criar novas necessidades e capacidades de consumo nos cidadãos lusófonos, e isto será possível através da criação de «centros de conhecimento», que: desempenhem o papel de intermediários entre a produção de informação e o consumo de informação; concentrem recursos em informação; estimulem os produtores de multimédia a produzirem novos produtos e novos serviços em suportes como o CDI e o CD-ROM, a dar um tratamento multimédia a toda a informação cultural sobre os Sete que está disponível, e distribuir essa informação pelos diferentes utilizadores.

As empresas precisam, cada vez mais, de informações económicas e tecnológicas especializadas. E estes centros podem criar canais rápidos e eficientes para que as pequenas e médias empresas acedam a essas informações. É igualmente fundamental que estes centros possibilitem a toda a população o acesso à informação. Se isso não acontecer, podem ser criadas novas desigualdades entre pessoas, entre empresas e entre países. Não deverá existir no espaço lusófono uma divisão entre «info-ricos» e «info-pobres». Há que garantir que o acesso à informação não dependa apenas da capacidade financeira dos países, das empresas e das pessoas. Por isso o acesso deve também ser garantido pela via pública.

Missão com «Terràvista»

Em Portugal foram já lançadas duas iniciativas importantes neste âmbito.

A primeira é a «Missão para a Sociedade de Informação», de que já resultou o «Livro Verde para a Sociedade da Informação». Promovida pelo Ministério da Ciência e Tecnologia, esta iniciativa propõe quatro grandes linhas de acção: a escola informada, o Estado aberto, o saber disponível e a empresa informatizada. Pretende-se fundamentalmente dotar os organismos da administração central e local, escolas, centros de formação, bibliotecas, empresas e outras instituições com equipamentos informáticos e multimédia, permitindo a sua interligação em rede, o acesso à Internet e a disponibilização de informação ao público em geral.

A segunda iniciativa é um acordo de cooperação cultura-indústria, promovido pelo Ministério da Cultura, e que se denomina «Iniciativa Mosaico – Cultura Portuguesa e Multimédia». Este acordo tem como objectivos, nomeadamente, o desenvolvimento e comercialização de produtos multimédia, o estudo de oportunidades existentes no mercado da informa-

O *Novo Império* 149

ção, a definição de modelos de cooperação público-privado, dar pareceres e dinamizar a circulação de informação sobre a indústria multimédia.

Refira-se também que o Livro Verde para a Sociedade da Informação, na sua medida 3.2, propõe a criação de uma «Rede da Lusofonia», uma rede de servidores Internet concebida para conteúdos culturais em língua portuguesa, com meios de pesquisa e de organização da informação, e para a qual os centros culturais portugueses no estrangeiro deverão dispor de meios de acesso. O projecto «Terràvista», uma acção da Iniciativa Mosaico, deverá constituir essa rede da lusofonia. Este projecto, funcionando como um modelo aberto, tem como objectivo a criação de um espaço livre na Internet para informação e comunicação em língua portuguesa, permitindo assim a formação de comunidades virtuais, locais e globais, a uma escala mundial. O seu endereço é http://www.terravista.pt

Feitorias da cultura

Estas comunidades virtuais, estes centros de conhecimento aqui referidos, e que em muitos casos poderão ser formados a partir de entidades já existentes, como, por exemplo, universidades, centros culturais, editoras e órgãos de comunicação social, poderão constituir «novas feitorias», entrepostos, não só comerciais mas também culturais, de um novo império que se está a construir no espaço da lusofonia.

Antes, as feitorias eram locais, fortalezas, pontos para trocas de mercadorias e para reabastecimento das naus que faziam o percurso entre a Europa e a Ásia, passando pela África. Representavam o modo ideal de fixação e de colonização para um país que não tinha meios humanos e materiais suficientes para avançar pelo interior, e que, assim, podia controlar toda a extensão dos territórios descobertos.

Hoje, ocupar um espaço requer apenas, e precisamente, a existência de vários pontos ligados entre si por uma rede informatizada. Esses pontos, essas novas feitorias, esses centros de conhecimento, e também todos os cidadãos lusófonos com computadores ligados à rede, formarão por sua vez a estrutura de um novo império, dedicado à cultura, e onde não deverá haver senhores e escravos, colonizadores e colonizados. Um Novo Império onde todos, diferentes e iguais, possam aproveitar da verdadeira riqueza que foi acumulada durante mais de 500 anos.

*(De: **Octávio dos Santos**; Diário Económico N.º 1674, 1997/10/1)*

1998 dos equívocos

Lisboa ainda não percebeu a imagem que tem em África. Os portugueses olham para o seu umbigo e querem acreditar que ainda têm uma influência política e económica determinante na África lusófona ou no Brasil.

Os africanos das ex-colónias não precisam dos portugueses e alguns não fazem cerimónia em demonstrar a sua desconfiança de um alegado «luso-neocolonialismo», isto em momentos cruciais de política externa bilateral e sempre que estão em causa grandes interesses económicos.

Nova política externa precisa-se

Foi o que aconteceu recentemente em Angola. O primeiro ministro português chegou a Lisboa «de mãos a abanar». Aguardam-se resultados positivos a médio e longo prazo, mas a imagem que ficou, perante os próprios empresários portugueses – quanto aos ganhos desta visita para Portugal – é negativa para António Guterres. O curioso é que os analistas lisboetas parecem ter ignorado este facto e suas consequências para a credibilidade da incipiente «diplomacia económica» portuguesa.

A dívida angolana renegociada por petróleo ficou para melhor oportunidade. A participação da Sonangol no capital da Petrogal, idem. Os negócios e investimentos de toda aquela comitiva de empresários e banqueiros de vulto aguardam pela estabilidade política angolana e, como seria de esperar, por um clima mais propício à sua concretização e durabilidade. Os governantes portugueses arriscaram uma «fuga para a frente», o que – dada a conjuntura e as dificuldades de penetração no mercado angolano num momento de forte competição com as grandes potências – é compreensível, mas não aconselhável teoricamente em matéria de política externa. A resposta de Luanda foi clara: na antiga colónia portuguesa, agora uma verdadeira potência regional, quem decide como e quando pagar dívidas são os próprios angolanos. Ficou, mais uma vez, demonstrado – nas enormes dificuldades lisboetas de obtenção de acordos concretos com os angolanos – que os interesses em jogo são dominados, naquele país africano, por norte-americanos, franceses e até brasileiros. É preciso ter paciência, saber fazer negócios nos momentos oportunos, porque ainda nada está perdido em Angola para o Estado e empresários portugueses.

Numa análise fria e imparcial, a verdade é que tudo teria sido evitado se estas visitas de Estado com forte componente empresarial fossem melhor planeadas. Esperamos que o novo ministro português da Economia consiga alterar os velhos hábitos de «tudo ao molho e fé em Deus» que, infelizmente, caracterizam a chamada internacionalização da economia portuguesa e as «famosas» visitas de Estado dos governantes lusitanos.

Será preciso recordar que é a imagem do primeiro ministro e de Portugal que está em jogo? As anteriores «operações de charme» no Brasil e nos Estados Unidos deram resultados. São mercados diferentes e pujantes, é certo, mas o planeamento foi melhor executado. A visita de Guterres a Cabo Verde já tinha sido para esquecer: a logística falhou; não havia hotéis para tantos empresários; o caos na execução do programa foi total. Agora, em Luanda, a lição não foi aprendida. Algo terá de mudar rapidamente na política de cooperação portuguesa com África. O conceito de «cooperação estratégica», de que fala Guterres, já é um sinal da mudança lusitana para um maior pragmatismo, mas não chega. Além disso, há outros factores de instabilidade nas relações de Portugal com os PALOP com os quais é preciso contar em 1998.

Operários africanos sem emprego

A conclusão das obras da Expo 98 e da nova ponte sobre o Tejo, que empregam um número indeterminado de trabalhadores africanos (legais e ilegais), marca o fim de um ciclo de grandes obras públicas em Portugal, apesar dos projectos de construção de mais auto-estradas nos próximos anos.

O sector da construção para habitação também poderá entrar em recessão porque a oferta de casas é já superior à procura, pelo menos, na área metropolitana de Lisboa. A prioridade é agora vender o que está construído; param as obras e despedem-se os homens que as ergueram.

1998 dos equívocos 153

Parte significativa destes operários não está integrada na sociedade portuguesa, vive em bairros periféricos em condições abaixo de padrões humanamente aceitáveis e tem problemas de legalização. Com o previsível aumento do desemprego na construção em geral, a partir do segundo semestre de 1998, poderá elevar-se o risco de xenofobia.

O operário português (branco) tenderá a dizer: «Primeiro está o emprego para o cidadão nacional, os outros já não são precisos e devem ir embora!» É óbvio que este fenómeno de rejeição poderá materializar--se em conflitualidade social, risco acrescido dos problemas de marginalidade e insegurança nos centros urbanos. São perigos evidentes para a relação institucional «Cinco+Um».

As atitudes e os discursos que dominam estas relações ditas afectivas entre «povos irmãos» serão postos à prova se o Governo português, pressionado pela opinião pública interna, tiver de tomar medidas duras de expulsão de cidadãos africanos ilegais ou de uma maior vigilância policial nos «bairros africanos» da periferia de Lisboa. O «vento xenófobo» levantaria então o véu que esconde a fragilidade deste relacionamento luso-africano. Se estes são problemas graves, há que contar também com outros obstáculos que é preciso evitar, em 1998, na política e nos negócios com África.

«Chega de visitas turísticas!»

Este apelo indignado é uma crítica conhecida da maioria dos políticos e empresários de Cabo Verde às constantes e ineficazes visitas ministeriais portuguesas à Cidade da Praia e, «como quem não quer a coisa», às praias do Tarrafal ou da ilha do Sal.

Esta imagem é verdadeira; basta ter uma conversa informal com qualquer autoridade caboverdiana para se perceber como está degradada a imagem do ministro ou deputado de Lisboa em trânsito por aquele país africano.

Se o Governo português tem consciência de que a África lusófona é necessária para contrabalançar os efeitos negativos da integração económica europeia, então há que assumir as propostas pragmáticas recentemente apresentadas por Lisboa, através de novas fórmulas de negociação e de conversão das dívidas dos países africanos. Isto passa também por uma alteração profunda de atitudes: as visitas de Estado, e ministeriais, terão de ser mais eficazes, melhor preparadas e justificadas, para se evitar o rótulo de «ministro-turista».

A continuar com a barca da política externa à deriva, Portugal não só não chegará a bom porto como não conseguirá atracar em portos que – até agora – pareciam estar sempre abertos aos «marinheiros» (leia-se políticos e empresários) lusitanos. Os próprios africanos reconhecem, informalmente, que a cooperação com Portugal seria mais clara se as autoridades portuguesas assumissem atitudes mais frontais e duras na negociação de dívidas ou de projectos de cooperação.

«Nacional-porreirismo»

Vários governantes e homens de negócios portugueses ainda não perceberam que os africanos não respeitam quem dá e quase nada pede em troca. Esse interlocutor é visto como parvo ou mau negociante, ou então olhado com desconfiança.

Há projectos de investimento e protocolos de cooperação de Lisboa com vários PALOP que não passam do papel há quase 20 anos. Nas visitas e nos discursos anunciam-se ajudas, dá-se apoio logístico e de consultoria permanente, mas não se traçam metas nem se definem calendários de execução. Quem está na cooperação sabe que assim é.

É arriscado afirmá-lo, mas o «nacional-porreirismo» dos portugueses e as cumplicidades geradas pela língua oficial comum acabam por ser, na prática, obstáculos a uma relação franca entre Portugal e diversos países africanos que ainda falam português.

O empresário ou o governante africano exige ser tratado com respeito, sem proteccionismos que trazem más recordações. O fantasma do neocolonialismo talvez já não ensombre tanto as relações actuais entre Portugal e os PALOP, embora isso varie entre os Cinco. O que importa agora é assumir o jogo do «toma-lá-dá-cá» porque assim já todos sabem com o que contam.

Em 1998 haverá decerto novos investimentos portugueses em Moçambique e em Angola. Haverá números melhores que deixarão satisfeitos os políticos. Só que o problema persiste: as «palmadinhas nas costas» são úteis; maior pragmatismo e competência na gestão da cooperação ainda o são mais.

*(De: **Luís Ferreira Lopes**; África Hoje N.º 112, 1997/12)*

Comunidade virtual?

No passado dia 23 de Fevereiro deste ano de 1998 visitámos o *site* – ou melhor (e portuguesmente) dizendo, sítio – da Comunidade dos Países de Língua Portuguesa, localizado em http://www.cplp.org Na *homepage* – idem, página principal – lemos que a última actualização tinha sido feita em 23 de Janeiro... de 1997.

Mesmo que quando este texto for publicado o *site* da instituição que reúne os sete países que falam português já estiver, eventualmente, renovado, isso não atenuará a gravidade deste facto: o espaço na Internet sobre aquele que é, ou deveria ser, o principal instrumento de preservação e expansão da lusofonia esteve mais de um ano sem qualquer tipo de alterações.

Porquê? Porque não aconteceram motivos para isso? Claro que não! Muitas iniciativas importantes ocorreram nestes últimos 12 meses relacionadas, directa ou indirectamente, com a multiplicidade de assuntos com interesse potencial para mais de 200 milhões de pessoas em todo o Mundo, uma parte das quais, cada vez maior, está «ligada». Não só actos de carácter mais político e institucional, como as cimeiras, as reuniões ministeriais, as acções de cooperação sectorial (na defesa e segurança interna, na saúde e assistência social, na economia e infra-estruturas), mas também, e principalmente, as inúmeras iniciativas das «sociedades civis», quase sempre (e bem) relacionadas com a cultura, as artes, os espectáculos.

Se não foi por falta de temas que ocorreu esta longa imobilidade, talvez tenha sido por se considerar a Rede um meio de menos relevância, e, aparentemente, muito mais «discreto» que os meios de comunicação normais. Ou por, alegadamente, não chegar (ainda) a tantas pessoas como esses outros meios. Se foi por isso, convém esclarecer desde já, antes que seja tarde: a Internet vai ser, ou já é, o média mais importante do futuro. E pode e deve constituir um elemento fulcral no desenvolvimento – e triunfo – da lusofonia no Mundo.

O sítio da CPLP pode servir para muito mais do que, como no momento em que escrevemos, conter: os estatutos e a declaração constitutiva da organização; os discursos dos chefes de Estado aquando da cimeira que a instituiu, realizada em Lisboa a 17 de Julho de 1996; dados geográficos, estatísticos e económicos dos sete países; alguns dos principais (e primeiros) documentos elaborados no âmbito da organização; um «resumo histórico» do processo que conduziu à sua institucionalização; (poucas) citações de individualidades, em especial políticos, sobre a importância da língua portuguesa e do espaço lusófono. E tudo isto, recorde-se, já com um ano!

É certo que a CPLP não é obrigada a relatar, no seu sítio, tudo o que se passa no planeta que envolva pessoas que falem português umas com as outras. Mas, ao menos, que estabeleça *links* – ou melhor (e portuguesmente) dizendo, ligações – com outras instituições e iniciativas que desenvolvem as suas actividades neste espaço. E também é certo que, se a CPLP não o quiser e fizer, outras entidades não hesitarão em tomar o seu lugar, quanto mais não seja no ciberespaço. E a fazê-lo com competência, dedicação e entusiasmo.

*(De: **Octávio dos Santos**; Diário Económico N.º 1787, 1998/3/17)*

Pôr os pontos nos «is»

A língua portuguesa pode ser muito traiçoeira, mesmo quando usada a Sete, mas tem expressões úteis quando queremos, numa só frase, sintetizar todo um pensamento. Uma delas é «pôr os pontos nos "is"».

Há outras formas de o dizer e escrever: «dar murros na mesa», «pôr em pratos limpos», «pôr o dedo na ferida». São usadas quando se quer, de uma vez, esclarecer um assunto, em especial quando um dos intervenientes faz sempre «figura de parvo» enquanto o outro «dá o dito por não dito», ou seja, desfaz o que estava combinado.

Estas são também expressões que a diplomacia portuguesa parece desconhecer. Não é normal que o Estado lusitano seja lesado no negócio dos diamantes em Angola, por decisão do próprio presidente angolano, e Lisboa fique «de braços cruzados», isto para não utilizar uma outra expressão mais apropriada, embora menos elegante.

Portugal tinha garantida, através do IPE, uma quota de 49% na exploração de diamantes numa região angolana rica nesse minério, contra 51% da empresa estatal Endiama. O negócio tinha sido acordado entre os dois governos e os investimentos, pela parte portuguesa, já estavam a ser realizados.

José Eduardo dos Santos terá decidido que, afinal, aos portugueses bastaria uma modesta participação de 10% na dita sociedade internacional, emagrecendo ainda a quota da Endiama e engordando para 60% a sua própria quota, através de uma empresa familiar liderada pela filha. O IPE admite recorrer da decisão, o ministro Jaime Gama apresentou o protesto do Estado português em recente visita a Luanda e a «novela» promete ter vários capítulos.

Pilatos na ONU

Angola é um país devastado por décadas de guerra. Toda a gente o sabe e lamenta, pelo menos aqueles que nada ganham com o conflito militar. A imagem que passa para o exterior é que Luanda (sobre)vive, isolada, «a balões de oxigénio», enquanto aumenta a insegurança das populações, mesmo na capital. Lisboa preocupa-se com o respeito pelos aspectos humanos, acolhe quem foge e, como sempre, nada ganha com isso.

É claro que o esforço de guerra implica o aumento da dívida do país e o empenhamento total de recursos como petróleo e diamantes. No entanto, isso não deveria significar o atropelo de regras básicas da Economia e do Direito Internacional, bem como da relação de Estados que, ainda por cima, usam oficialmente a mesma língua.

E neste caso, obviamente, houve uso e abuso do entendimento natural e da amizade desinteressada dos povos.

Devido à multiplicidade de interesses dentro de Angola, na região africana envolvente e até a um nível global, a comunidade internacional pouco tem feito para acabar com a guerra, por motivos que todos conhecemos. Agora, a ONU opta por «baixar os braços», sai com inglória e deixa que as coisas se resolvam por si, pela lei do mais forte. A atitude das Nações Unidas é, no mínimo, curiosa. Dois mil anos depois, Pilatos não faria melhor.

Falta a «pega de caras»

Na instável relação pós-colonial luso-angolana, Portugal optou, desde os governos de Cavaco Silva até António Guterres, por reconhecer como legítimo o Governo de Luanda, classificando de guerrilheiro o movimento de Jonas Savimbi. A nível diplomático, a estratégia de «realpolitik» de Lisboa foi correcta. A nível político-económico, falta cobrar a factura ou recolher os dividendos dessa aposta, no início, arriscada e polémica.

É tempo de Lisboa acabar com complexos e fantasmas, desfazer equívocos ou, como se costuma dizer no meu Ribatejo, fazer uma «pega de caras». Isto aplica-se a Angola e também aos outros países lusófonos. Será preciso lembrar que, feitas as contas, provavelmente o «Portugal do euro» não precisará assim tanto de África como os países africanos necessitam, de facto, desta mais que usada porta de entrada da «fortaleza europeia»?

Será preciso lembrar os longos anos de cooperação (pós 1974) económica, militar e – talvez mais importante para as elites africanas – ao nível da saúde ou da medicina tropical? Quando alguém em Bissau,

Luanda, Praia, e não só, está gravemente doente é ou não, de imediato, recebido e tratado num dos raros países que, em todos os aerópagos mundiais, continua a bater-se pelo desenvolvimento de África?

Será preciso recordar que Lisboa acolhe milhares de africanos, alguns sem emprego, outros que provocam demasiados problemas e que as autoridades gostariam de ter coragem para «devolver à origem»? Será preciso continuar a penalizar os contribuintes lusos com o pesado orçamento da cooperação e do perdão das dívidas?

Usar e abusar da lusofonia

Eu continuo a ser um defensor acérrimo da cooperação Norte-Sul, do investimento directo português no norte de África e nalguns países da África Austral, assim como do exercício eficaz (que falta) da diplomacia económica em África. Sinto, contudo, que muitos dos pró-africanistas começam a ter dúvidas pertinentes quanto às vantagens da opção africana como contraponto da vertente pró-federal europeia.

Ir para África com respeito pelo «Outro», sem racismos ultrapassados, prepotências ridículas, preconceitos chauvinistas... para mim isso é sagrado e óbvio. Mas, enquanto português, ser permanentemente gozado pelas elites africanas e com o consentimento e até o fomento do Estado português... começa a ser demais!

É claro que Portugal beneficia da relação com os Estados da África lusófona e tem interesse na sua manutenção, tal como alguns desses países beneficiam da ajuda pública portuguesa ao desenvolvimento e dos investimentos dos empresários lusitanos na indústria, agricultura, comércio e serviços. Porém, e voltando às expressões populares, isso não significa que os portugueses – que podem dar e retirar o poder aos políticos eleitos democraticamente – tenham de «fazer figuras de parvos», «fazer como a avestruz», «levar tampas», porque os governantes demonstram não saber «meter uma lança em África».

Em Bissau, apoiado pelas forças francófonas, Nino Veira rompe com a dita cooperação portuguesa; Lisboa nada diz, mas continua a tentar mediar o conflito e a acolher centenas de guineenses refugiados de guerra. Em Pretória, o embaixador português – leia-se o representante máximo de um Estado no exterior – é expulso; Lisboa nada faz.

Em Maputo, sempre que se quer obter mais ajuda financeira ou canalizar mais investimento directo, avança-se com o «papão» da

Commonwealth e da influência sul-africana; Lisboa treme. Luanda expulsa ou obriga à saída de jornalistas, inclusive delegados da televisão estatal portuguesa com estatuto de representantes de uma estação que emite para todos os cantos do Mundo; Lisboa cala-se.

O português comum começa a não «achar piada» à falta de coragem, frontalidade, em suma, de estratégia de igual para igual. Em toda a África que fala português quando convém sabe-se que vale a pena chantagear porque os portugueses cedem.

Acontece que o «nacional-porreirismo» do enxovalhado «portuga» é capaz de vir a ter limites, mesmo em matéria de política externa. Enquanto este «estado de alma» lusitano durar, a piada está no facto de todos verem que «o rei vai nu» e de até dizerem (como na tropa, quando apenas um soldado troca o passo) que «só ele é que está bem».

*(De: **Luís Ferreira Lopes**; Diário Económico N.º 2026, 1999/3/1)*

A minha pátria é a língua portuguesa... processada por computador

A 9 de Julho de 1999 o Ministério da Ciência e da Tecnologia apresentou o «Livro Branco do Desenvolvimento Científico e Tecnológico Português 1999-2006» e, em simultâneo, a «Síntese das Principais Orientações e Medidas dos Programas Operacionais Para uma Sociedade do Conhecimento e da Informação», para o mesmo período e que serão propostas ao próximo Quadro Comunitário de Apoio. De entre essas medidas, que configuram um autêntico plano estratégico nacional, merecem destaque as que se referem a competências, acessibilidade, conteúdos e, em especial, ao tratamento computacional da língua portuguesa.

A importância deste último tema foi aliás mencionada por José Mariano Gago por mais de uma vez nessa ocasião, e antes disso. Em 26 de Fevereiro, na abertura do seminário «Dar Voz à Sociedade da Informação – As Tecnologias da Linguagem no 5º Programa-Quadro», organizado, em Lisboa, pela Agência de Inovação, o ministro declarou que «o processamento computacional da língua portuguesa é uma questão crítica, porque estruturante do sector económico.» O responsável governamental considera que «o desenvolvimento e a disponibilidade de ferramentas de tratamento da língua portuguesa escrita e falada nos computadores, e a sua massificação no mercado mundial, é uma questão estratégica para o próprio futuro da língua portuguesa e, simultaneamente, para o desenvolvimento económico e social em Portugal.» Aliás, a presença neste evento, demonstrando os seus projectos, de entidades e empresas como o INESC (cujo Grupo de Linguagem Natural tem vindo a desenvolver vários, como o Palavroso, um analisador morfológico da língua portuguesa), Faculdade de Engenharia da Universidade do Porto, Axon, Editorial Verbo, Intersis (cujo software de gestão de correio de voz Voixx receberia em Maio o prémio Best of Show, atribuído durante a CTI Expo Spring 99 realizada em Washington), Neosis, Porto Editora, Priberam e SMD constituiu uma prova adicional das potencialidades neste campo.

162   *Os Novos Descobrimentos*

Componente fundamental de toda a iniciativa é o acordo celebrado entre o MCT e a Microsoft, e anunciado aquando da visita de Bill Gates a Portugal em Setembro do ano passado, com vista ao lançamento de «um programa de investigação e desenvolvimento sobre processamento computacional da língua portuguesa (processamento de linguagem natural)», desenvolvido por especialistas portugueses e da companhia americana, para a criação de produtos de software de tratamento da escrita e da voz em português, a incorporar nas ferramentas de trabalho da Microsoft, assegurando-lhes uma difusão e utilização mundiais.

«Portuguesificar» a tecnologia

Os problemas, as soluções, os recursos e os objectivos neste âmbito estão sintetizados no documento «Contributos para um Perfil da Investigação Científica do Processamento Computacional da Língua Portuguesa» (disponível na íntegra em www.portugues.mct.pt), redigido pela investigadora Diana Santos a convite do MCT e apresentado, a 17 de Abril, na sessão pública sobre o tema inserida na preparação do Livro Branco.

Esta especialista considera que, mais do que disponibilizar recursos que já existem, é preciso criar muitos outros, como diferentes tipos de dicionários, terminologias, estudos de frequência gramáticas e redes semânticas. Para os obter há que incentivar: a disponibilização pública dos materiais; a colaboração entre várias instituições; a criação de leis que impeçam a «posse» da língua portuguesa, não impedindo, contudo, a sua exploração comercial: a realização de concursos centrados precisamente na criação destes recursos; o desenvolvimento de um enquadramento legal e técnico que permita a «assinatura» de recursos online e de um enquadramento financeiro. Mais: é preciso definir e divulgar padrões mínimos de aceitação de produtos que tratem do português, tais como ambientes computacionais, sistemas de apoio a actividades linguísticas (tradução, editores de texto), produtos de apoio ao trabalho em colaboração, ou sistemas informáticos da administração central; e é essencial estabelecer e reforçar a relação entre engenheiros e filólogos, criando, inclusivamente, cadeiras de processamento de linguagem nos cursos de engenharia e de informática nos de letras.

Diana Santos considera que a língua portuguesa deveria dispor de quatro tipos de redes de apoio, para desenvolvimento e acesso público:

A *minha pátria é a língua portuguesa... processada por computador*   163

à tradução, para bases de dados bilingues; à terminologia, para bases de dados terminológicas coerentes e actualizadas; ao processamento de fala em português, para bases de dados de fala das várias regiões do país; ao processamento computacional da língua portuguesa escrita, para léxicos computacionais e módulos de sistemas de análise e geração da língua portuguesa, para serem usados na investigação e desenvolvimento de todos quantos se quiserem dedicar ao processamento da nossa língua. E «como o processamento da linguagem natural é uma área em que se processa a fala ou o texto, é absolutamente essencial que a sua investigação seja acompanhada de programas que o façam realmente, e que sejam implementados. A criação de protótipos deve pois ser um *sine qua non* da actividade na área.» E não só: «deveria ser montado um curso (ou mesmo um laboratório) de processamento computacional de português na rede, visto que precisamente uma das áreas em que o processamento de linguagem natural tem aplicação evidente é na educação através da WWW.»

Esta investigadora não duvida que «o principal desafio da área do processamento computacional do português é passar de uma actividade académica para uma realidade patente a todos os níveis da nossa sociedade de informação. Aquilo a que devemos aspirar é que um nível de português («lingware») se torne tão necessário como um sistema operativo. E que, em consequência, para usar qualquer máquina ou equipamento seja em breve inconcebível que as mensagens de erro, indicações e ajuda não venham na nossa língua.» Além disso, seria «vantajoso ter um serviço público de "portuguesificação" (por oposição a aportuguesamento) da tecnologia, incumbido de organizar as conferências de avaliação e de informar a comunidade, de garantir a distribuição dos recursos, de levar a cabo ou encomendar testes de qualidade e representar o país em órgãos internacionais.» É preciso fomentar a endogeneização da tecnologia nas empresas portuguesas, evitando contudo «uma portuguesificação forçada, por decreto» e sugerindo-se «a portuguesificação por exemplo e modelo, não por imposição.»

Diana Santos aponta, assim, as áreas do processamento da linguagem natural que, na sua opinião, justificam um «especial interesse no momento presente»: o direito e o processamento computacional de uma língua – é preciso definir e proteger o estatuto público da língua, e esclarecer as questões de direito de autor; a Internet e a língua, sobretudo a nível da WWW – exige-se a formação de especialistas que dominem as duas áreas; a relação de bases de dados e arquivos com a língua

164 *Os Novos Descobrimentos*

– evitar duplicações de esforços na compilação, no processamento e no desenvolvimento de interfaces para esses recursos; a automatização (parcial) da educação e suas relações com a língua e a cultura – o processamento computacional da língua pode ser essencial para a «amigabilidade» do sistema de ensino e para alcançar os seus objectivos didácticos.

O documento elaborado pela investigadora portuguesa termina com uma lista de (até ao momento) 51 projectos de investigação nesta disciplina, realizados por diversas instituições, e cujos temas incluem, por exemplo, «Agentes Inteligentes para Processamento de Grandes Volumes de Informação», «Indexação, Selecção e Difusão de Informação Multimédia Personalizada», «DIXIT – Sistemas de Diálogos Intencionais e Auxílio à Tradução», «Reconhecimento de Fala de Alto Desempenho em Português», «REC – Reconhecimento da Fala e sua Aplicações em Telecomunicações», «SIMMPATICO – Sistema Multimédia Assistido por Computador para o Ensino da Língua Portuguesa», «Prontuário Multimédia da Língua Portuguesa no Domínio dos Verbos», e «Léxico Multifuncional Computorizado do Português Contemporâneo».

Navegar no Lusitano

A tarefa de construir uma «informática à portuguesa», de preferência com uma predominância de conteúdos na nossa língua, não passa apenas por projectos de investigação científica levados a cabo em universidades. Na verdade, há portugueses que, ao nível empresarial, já conceberam instrumentos para percorrer a Internet.

Para navegar na World Wide Web não existem só o Internet Explorer e o Netscape Navigator. Há um «browser» português que pretende ser uma alternativa aos outros dois e cuja versão 5.0 foi apresentada, no Portugal Media 99 realizado na Exponor, no passado mês de Maio: o Lusitano. Lançado em Agosto de 1997, já foram distribuídas mais de 50 mil cópias, sobretudo em CD-ROM – 25 mil em Portugal e cinco mil no Brasil – mas também através de «downloads» via Internet (15 mil). A Escripóvoa, a empresa da Póvoa do Varzim especializada em software de gestão que criou e desenvolve o Lusitano, recebeu também, por correio electrónico e do estrangeiro, mais de cinco mil pedidos de envio do programa, de países como Brasil, Angola, Cabo Verde, Guiné, Estados Unidos, França, Espanha e Luxemburgo.

O programa dispõe de um sistema de controlo do tempo de cada ligação e do respectivo custo; as páginas são apresentadas ao mesmo tempo que são carregadas; as janelas dos sítios favoritos podem ser deslocadas através do sistema DOOT («Dock-Or-On-Top»); cada utilizador pode criar o seu próprio «skin» (aspecto gráfico, imagens e cores). Os responsáveis da Escripóvoa já afirmaram que este projecto se distingue por «contemplar a existência de conteúdos desenvolvidos por webmasters residentes no Brasil, nos PALOP e em países onde existam comunidades lusófonas. O novo website Lusitano será o maior serviço disponível na Internet para toda a comunidade lusófona, contemplando centros de conferência, fóruns de discussão, um motor de pesquisa de páginas em português e um directório de endereços de e-mail de cibernautas a falar português.» O jornalista brasileiro Paulo Vianna defendeu inclusivamente, em artigo publicado no jornal O Globo de 23 de Fevereiro de 1998, que o Lusitano é «o mais rápido web browser disponível na Internet. Para os mares bravios da Internet, nada melhor do que uma boa nau portuguesa.»

Multiplicar os conteúdos

O protagonismo assumido pelo MCT neste domínio não é de agora. Em Dezembro de 1998, durante o IV Fórum da Sociedade da Informação, organizado pela Missão para a Sociedade da Informação na Penha Longa, em Sintra, José Mariano Gago afirmara que «nos próximos dois anos temos de multiplicar por 1000 os conteúdos em português existentes na Internet.» Isto porque há «um enorme atraso na distribuição nacional e internacional de informação em português, sobre Portugal ou co-produzida por portugueses», em especial no mercado dos arquivos digitais. «Não temos no mercado arquivos de imagens e de sons competitivos a nível internacional.»

Nesse encontro foi proposto por algumas individualidades a criação de um «Programa Nacional de Digitalização» dos conteúdos de domínio público, que consistiria na digitalização e disponibilização de todos os arquivos nacionais, da administração, das bibliotecas e dos museus. Esse trabalho foi iniciado e estará, segundo o ministro, numa fase já muito avançada. Posteriormente, aquele viria a desenvolver a ideia, afirmando ser necessário que «todos os conteúdos novos, que têm outros suportes técnicos, tenham simultaneamente, e a partir de agora, a Net como suporte.»

Em consequência, o ministério instituiu a obrigatoriedade de todos os organismos de investigação do país financiados pelo Estado terem uma página na Internet, com informações sobre as suas actividades.

Outro resultado desta política de «Estado Aberto» é o «Projecto de Resolução do Conselho de Ministros sobre Conteúdos na Internet», elaborado pelo MCT. Esta proposta estabelece que «as direcções gerais e serviços equiparados, bem como os institutos públicos nas suas diversas modalidades, deverão disponibilizar ao público, em formato digital na Internet, as respectivas publicações, tenham ou não carácter periódico, os formulários que utilizem e ainda, genericamente, toda a informação que produzam e que seja objecto de publicação», divulgação essa que «far-se-á com respeito pelos direitos de propriedade intelectual.» Toda a informação disponibilizada por aquelas entidades deverá «ser apresentada de forma clara e de molde a ser facilmente acedida e consultada», devendo serem implementados «mecanismos de pesquisa de fácil utilização» e consideradas «as exigências específicas dos cidadãos com necessidades especiais», e pode «ser livremente utilizada pelo público que a ela acede, desde que se faça menção da respectiva fonte» – exceptuando-se aquela que esteja sob «força de instrumento juridicamente vinculativo.»

Estimativas recentes indicavam que, apesar dos quase 200 milhões de falantes de português representarem pouco mais de 3% da população mundial, apenas 1% dos conteúdos na Internet são em português.

Os sonhos americanos dos cérebros portugueses

Para Portugal ter sucesso nas novas «Navegações» que se anunciam precisa de cada vez mais e melhores «navegadores», homens e mulheres que dominem e utilizem com qualidade e eficácia as novas tecnologias ao serviço do país e de um certo espírito e cultura lusófonos. E se cá ainda não existem conhecimentos e especialistas em quantidade suficiente, que melhor local para os procurar e/ou formar do que nos Estados Unidos da América? É certo que não é só no outro lado do Atlântico que encontramos portugueses famosos pelo seu trabalho nas TIC: um exemplo é José Encarnação, considerado um dos três maiores especialistas mundiais em computação gráfica, radicado há vários anos na Alemanha. Porém, existem neste domínio várias ligações luso-americanas muito interessantes e promissoras, algumas das quais ainda não têm o destaque – e o aproveitamento? – que merecem.

A *minha pátria é a língua portuguesa... processada por computador* 167

Em Novembro de 1997, a revista Cyber.Net publicava uma entrevista de Paulo Bastos a António Câmara, do Grupo de Análise de Sistemas Ambientais da Faculdade de Ciências e Tecnologia da Universidade Nova de Lisboa, que, a certa altura, revelava: «Uma das coisas importantes que nós fizemos foi uma análise da emigração portuguesa nos Estados Unidos, um estudo sistemático, a partir das grandes firmas, de quais eram as pessoas que tinham nomes de origem portuguesa. A partir daí identifiquei vários, com quem estabelecemos ligações: o Kevin Teixeira, que na Intel é o responsável pela divisão de produtos interactivos; o Tony Fernandes, da Netscape; o Ken Pimentel, da Sense8; temos contactos na Microsoft, também... e essas pessoas têm-nos ajudado substancialmente: não só com os estágios, como também dizendo-nos quais são as tendências na indústria, dando-nos acesso a páginas, aos projectos que estão em curso... estas pessoas são uma fonte de informação importantíssima.» E mais: «Estamos a tentar que as pessoas, em vez de ficarem aqui, se espalhem pelas universidades em todo o país. E depois temos as pessoas que estão noutros sítios do planeta. É quase uma rede... Estão na British Columbia, em Vancouver, no MIT. Todos os dias tenho *mails* dos mais variados sítios do Mundo. É bom para Portugal ter esta diáspora.»

Em busca do Vale de Silicone

Silicon Valley começa a parecer a «Terra Prometida» também para os portugueses que querem deixar a sua marca na tecnologia do futuro. Jorge Nascimento Rodrigues tem sido, no Expresso, um autêntico «cronista» desta «saga», relatando regularmente vários casos de sucesso.

Ângelo Garcia, que chegou em 1971, fez a sua «iniciação» na Oracle e ascendeu a vice-presidente da Adobe. Les Lourenço, que desembarcou em 1975, esteve na Zilog, Pyramid e Amdahl e alcançou a posição de gestor de produto na Sun Microsystems. Luís Valente, cujo currículo inclui empresas como a Micom e a Retix e, posteriormente, a Veriguard (sistemas de segurança na Rede). Tony Coelho, nos EUA desde 1979, considerado «um dos expoentes do cibermundo», que já criou várias empresas relacionadas com a Internet e lançou o sítio Portugal On Line. António Dias, que se doutorou na Universidade de Stanford, investigador e pioneiro de empresas na área da optoelectrónica, co-fundador da LusEuropa, uma entidade que procura «criar pontes entre o Silicon Valley e a Europa», e fundador da Tympani, «talvez a única empresa "high-tech" do vale genuinamente lusa.» Nuno Rebelo, que se doutorou na Universidade de Berkeley e trabalha na HKS, uma empresa de engenharia assistida por computador. Pedro Roque, engenheiro de sistemas a trabalhar há dois anos na Cisco. José Salema Garção e António Falcão, que ocupam lugares de destaque na Finet Holdings, uma empresa Web de serviços financeiros – e para a qual conseguiram atrair investidores como os grupos Espírito Santo, Amorim e a Fundação Luso-Americana para o Desenvolvimento.

Na tentativa de dar um carácter mais permanente e sistemático ao relacionamento com a «Meca» das novas tecnologias, o ICEP decidiu, para a terceira edição do seu programa de estágios internacionais Contacto@ICEP, aceitar candidaturas de jovens que queiram ir para Silicon Valley, em especial para empresas de comunicação, multimédia e design. O prazo de entrega terminou no dia 18 de Julho e a selecção seria feita durante Agosto. Este programa já colocou recém-licenciados em diversos países além dos EUA, como o Brasil, Espanha, França, Alemanha, Reino Unido e até Singapura, tendo 75% dos primeiros estagiários ficado empregados, um terço nas organizações onde estagiaram e outro terço permanecido no estrangeiro.

Outra entidade a ter absolutamente em atenção, pelo seu imenso potencial estratégico, é a Associação Luso-Americana de Pós-Graduados (Portuguese American Post Graduate Society), que reúne dezenas de portugueses que estão a realizar mestrados e doutoramentos em algumas das melhores universidades americanas – e cuja percentagem dos que estudam nas áreas de electrónica e informática é muito significativa. Tem como patrocinadores o Ministério da Ciência e da Tecnologia e a FLAD, e os seus objectivos são: fortalecer a representatividade e influência da comunidade académica portuguesa junto da sociedade americana; incentivar o desenvolvimento de relações estreitas entre os pós-graduados portugueses a exercer funções nos EUA, e as universidades e empresas em Portugal; e promover a interacção entre os pós-graduados portugueses radicados nos EUA e os seus congéneres luso-americanos.

*(De: **Octávio dos Santos**; Comunicações N.º 97, 1999/9)*

A REDEScoberta do Brasil

A Associação Portuguesa para o Desenvolvimento do Teletrabalho lançou o Projecto Redescoberta 2000, com o qual pretende ligar todos os teletrabalhadores que falam português.

Considerado pelos seus organizadores como uma «oportunidade ímpar para a promoção do teletrabalho em Portugal e no espaço da língua portuguesa», o Telework 98, que decorreu na Feira Internacional de Lisboa entre 23 e 25 de Setembro, constituiu também o palco da apresentação oficial e do lançamento formal do Projecto Redescoberta 2000, um programa de desenvolvimento de iniciativas e de infra-estruturas de suporte que favoreçam o trabalho em rede dos cidadãos dos países de língua oficial portuguesa, e que, ao mesmo tempo, crie condições para que esse trabalho em rede seja acompanhado do reforço da presença da língua portuguesa no Mundo.

A Associação Portuguesa para o Desenvolvimento do Teletrabalho pretende com esta iniciativa, além de participar nas Comemorações dos 500 anos da Descoberta do Brasil, «assinalar a viragem para uma Sociedade de Conhecimento, onde os cidadãos da Comunidade dos Países de Língua Portuguesa possam trabalhar e viver melhor» e «estreitar, numa lógica de futuro, os laços de um passado comum.» A dimensão lusófona das novas formas de trabalho em rede é precisamente onde incide a principal aposta estratégica da APDT. E os responsáveis desta afirmam que a viabilidade do Projecto Redescoberta 2000 depende da capacidade de projecção nacional e mundial da associação, que pretende tornar-se num futuro próximo a base associativa para o desenvolvimento do teletrabalho de todos os que falam a língua portuguesa.

Alargar o espaço virtual do português

Adquirir essa capacidade implica necessariamente a profissionalização integral da APDT a médio prazo. Tal profissionalização constitui um dos pressupostos principais da estratégia da associação na concretização do projecto, juntamente com a obtenção da adesão das autoridades públicas e das entidades da sociedade civil, numa primeira fase as de Portugal e do Brasil, e, numa segunda fase, as dos restantes países que compõem a Comunidade dos Países de Língua Portuguesa. Num âmbito mais alargado, o «painel de orientações estratégicas» preconizado pela APDT inclui também «a partilha da construção da língua comum portuguesa, a edição de software nesta língua e o alargamento do espaço virtual por ela ocupado.»

O Projecto Redescoberta 2000 é dirigido exactamente, numa primeira fase, às comunidades portuguesa e brasileira, com extensão progressiva aos PALOP, EUA, França e África do Sul, países que, como se sabe, têm grandes comunidades de emigração lusófona. Calcula-se em mais de 100 mil o número de utilizadores potenciais nos próximos três anos de uma infra-estrutura deste tipo de um e de outro lado do Atlântico. Apesar de a cobertura deste público-alvo constituir um objectivo de primeiro grau, para a associação não é menos importante o desenvolvimento dessa cobertura para segmentos mais vastos da população. A ligação forte entre Portugal e Brasil preconizada neste projecto representa também, de certo modo, a conjugação de uma visão europeia com uma visão sul-americana. Ao tornar possível a formação de uma grande plataforma de entendimento lusófono, proceder-se-á a uma integração de forças aproveitando as interfaces que entretanto forem sendo criadas.

Defendendo a ideia de que «a democracia é hoje medida pela intensidade dos poderes compensatórios disseminados pela sociedade», a APDT garante que, com este projecto, não pretende promover a fusão de todas as classes nem o aparecimento de uma nova. «Os valores que o animam não são outros senão os da democratização do acesso à Sociedade da Informação e do combate à info-exclusão.» Só nestas condições, afirmam os responsáveis da associação, poderá esta desempenhar o papel que se reserva que é «o de ser o pivot da montagem, dinamização e expansão da referida infra-estrutura de suporte ao trabalho em rede no espaço lusófono.»

Estação de serviço com roteiros de navegação

Assim, a médio prazo e através do sítio na Internet da APDT (http://www.apdt.pt), todos os teletrabalhadores que falam a língua portuguesa poderão ter acesso a vários géneros de informação estruturada que faci-

A REDEScoberta do Brasil 171

lite o trabalho em rede, desde índices temáticos classificados a roteiros de navegação que evitem «derivas e perdas de tempo», passando por uma biblioteca virtual permanentemente actualizada que permita aceder instantaneamente a uma vasta série de publicações sobre teletrabalho.

Para além de cumprir uma função de «bússola» do trabalho em rede, o sítio alojará ainda um fórum de discussão e de partilha de ideias, que permita, a qualquer hora do dia ou da noite, dinamizar contactos, esclarecer dúvidas, resolver problemas, conviver com outros teletrabalhadores ou «simplesmente matar saudades.» O sítio será também a porta de entrada para uma «estação de teleserviço», isto é, um gabinete virtual de atendimento online a funcionar 24 horas por dia e onde especialistas de várias áreas técnicas prestarão todo o apoio que seja solicitado pelos teletrabalhadores lusófonos.

Os dirigentes da associação estão convictos de que esta oferta de serviços não só faz falta como tem de melhorar sistematicamente. «E se a adesão de entidades públicas e privadas a esta sementeira dos projectos se revela fundamental, não menos imperioso será o envolvimento dos teletrabalhadores na preparação da colheita.» Para a APDT uma das formas de aceitar este repto consiste em enviar sugestões sobre a organização deste sítio de «geometria variável».

Arquitectura laboral do próximo século

A Associação Portuguesa para o Desenvolvimento do Teletrabalho acredita que «redescobrir o espaço lusófono, construindo novas pontes para o desenvolvimento sócio-económico dos seus povos, através da consolidação de um território virtual que favoreça novas formas de trabalho em rede», será inegavelmente um objectivo que confere uma «dimensão de futuro ao programa oficial das comemorações da descoberta do Brasil.» Mas representará sobretudo, dentro e fora deste contexto, uma oportunidade histórica de «fazer avançar a nau portuguesa pelas águas bravias do ciberespaço, redescobrindo territórios para o trabalho em rede e alargando as fronteiras da identidade linguística.»

Esta aposta estratégica baseia-se largamente no conceito segundo o qual ser hoje periférico não significa estar mais ou menos afastado em termos geográficos, mas antes que se está ou não inserido nas redes centrais de difusão do conhecimento. Se o que une os trabalhadores telemáticos do próximo século não é a proximidade geográfica mas sim a proximidade cultural, «tudo o que colectivamente irmana a comunidade lusófona, da língua à história, da identidade civilizacional aos destinos compartilhados, reforça a convicção de que é viável a consolidação de um espaço virtual de reencontro. Não representará a Sociedade da Informação uma janela de oportunidade para reunir o que os oceanos fisicamente separam?»

Para os homens e as mulheres da APDT construir a arquitectura laboral do próximo século é «um desafio bem à medida da nossa história. Possamos nós abraçá-lo com o mesmo entusiasmo com que recebemos a sua visita neste porto de águas calmas. Agora que vai levantar ferros deste site, parta com a certeza de que nos voltaremos a cruzar nos oceanos do ciberespaço, em descoberta de novos mundos para o mundo. Mas para que possa tirar partido da melhor maré, se calhar só lhe resta mesmo uma saída: a sua entrada neste barco.»

Palavras poéticas que demonstram como um empreendimento marcadamente económico e tecnológico pode ter, mais que uma componente, um revestimento de índole cultural. Algo que, é certo, faz mais sentido por partir de Portugal.

Info-Comunidade

O projecto «Redescoberta 2000» não constituiu a única iniciativa lançada em 1998 orientada para a «informatização» do espaço de língua portuguesa. Merece também uma referência a conferência internacional subordinada ao tema «A Sociedade da Informação e a CPLP», que decorreu no passado dia 14 de Julho no Auditório do Taguspark, em Oeiras. Organizada pela Escola Profissional Almirante Reis, esta iniciativa foi apoiada pelas embaixadas de Angola, Cabo Verde, Guiné-Bissau e Moçambique, pela Câmara Municipal de Oeiras, pelo Instituto de Cooperação Científica e Tecnológica Internacional do Ministério da Ciência e Tecnologia, pela Missão para a Sociedade da Informação e pela Organização Internacional para as Migrações.

Os assuntos em discussão incluíram «Comos e Porquês da Sociedade da Informação» (a sociedade da informação, o papel da escola na construção da sociedade da informação, a sociedade da informação como factor de coesão da CPLP), «As Auto-estradas da Informação» (infra--estruturas, os organismos e as instituições públicas da CPLP, estudo de caso sobre Cabo Verde), «Condições de Sucesso para a Construção da

Nova Sociedade» (um caso de sucesso, o associativismo na Internet, como derrubar fronteiras através das tecnologias) e «Perspectivas e Futuro da Construção da CPLP na Sociedade da Informação (a democracia digital e a info-exclusão). Estiveram presentes, entre outros, Joffre Justino, Presidente da EPAR, Francisco Tomé, da Missão para a Sociedade da Informação, José Magalhães, deputado do Partido Socialista, Vicente Pinto de Andrade, professor da Universidade de Angola, José Leitão, Alto Comissário para as Minorias Étnicas, António Varela, professor do Instituto Superior de Engenharia e Ciências do Mar de Cabo Verde, e Francisco Fortes, membro do Conselho Consultivo do Espaço da Comunidade Caboverdiana em Portugal.

As pessoas que estiveram na base da realização desta conferência foram igualmente os protagonistas da criação, quase em simultâneo, do Movimento CPLP com Cidadania, uma organização não governamental que reúne nove associações de residentes africanos em Portugal. Que tem já um endereço na Internet: http://members.xoom.com/cplp

E, dois anos depois...

À semelhança da Associação para a Promoção do Multimédia em Portugal (e, claro, da Associação Portuguesa para o Desenvolvimento das Comunicações), outras duas associações que integram a Coligação para a Economia Digital têm-se distinguido ultimamente pela organização de iniciativas que têm como objectivo o desenvolvimento do multimédia em português: o Núcleo Empresarial para as Tecnologias de Informação e Electrónica e a Associação Para o Desenvolvimento do Teletrabalho. Neste ano de 2000 ambas apostaram forte no Brasil, que acolheu ainda outros eventos de alguma forma relacionados com as comunicações em língua portuguesa.

O NETIE organizou em São Paulo, entre 17 e 29 de Julho últimos e com o apoio da Agência de Inovação, do ICEP, e em associação com as brasileiras ASSESPRO e FENASOFT, a 2ª Quinzena das Tecnologias de Informação. Objectivos: dinamização das relações entre Portugal e o Brasil no domínio da cooperação nestas áreas, através do reforço no estabelecimento de parcerias entre as empresas portuguesas e brasileiras; dar a conhecer aos empresários do «país irmão» as capacidades das empresas portuguesas; e potenciar parcerias de negócio, consolidando as que já existem e aproveitando novas oportunidades no futuro.

174   *Os Novos Descobrimentos*

A iniciativa, que decorreu no âmbito da Fenasoft Telemática 2000, a maior feira de tecnologias de informação da América Latina (e em que Portugal foi o país convidado pelo segundo ano consecutivo), proporcionou a ocupação de um espaço de 450 metros quadrados no parque de exposições da grande metrópole brasileira por parte de 14 empresas – a maior participação nacional de sempre neste evento: Altitude Software/ /Easyphone, Corpium, CPCis, Edições JPG, Informarca, Inforsys, Jimpisoft, Minimal, ParaRede, Porto Editora, Profitus, PT Inovação, Sol-S e Tecniduplo. A 2ª Quinzena abrangeu ainda: o *workshop* «As TI Portuguesas e Brasileiras – Parcerias para o Mercado Global»; encontros (bolsa) de negócios – em que se inscreveram, além das empresas já citadas, a Critical Software, IBS, Loyaltech, Megamédia, Microfil, Promosoft e Rumos, entre outras; o lançamento do portal www.PortugalHighTech.com e do Directório das TIE 2000 (com informação sobre 220 empresas portuguesas do sector); e a distribuição de um encarte promocional na imprensa brasileira.

A ocasião foi ainda aproveitada pelo NETIE e pela ASSESPRO para anunciarem iniciativas conjuntas futuras (no seguimento do protocolo assinado pelas duas entidades no ano passado), entre as quais: o «Programa Atlântico», que visa o apoio dos governos brasileiro e português a «acções empresariais conjuntas visando o mercado global»; participação da ASSESPRO e de representante do Governo brasileiro na 5ª Conferência NETIE, a realizar em Lisboa a 2 e 3 de Novembro; realização conjunta da 3ª Quinzena das Tecnologias de Informação Luso-Brasileiras, em 2001, sob o tema «Conteúdos e Identidade Cultural na Sociedade da Informação», envolvendo também os outros países de língua portuguesa; presença de todos os associados das duas organizações nas bases de dados dos seus sítios da Internet respectivos. As duas entidades comprometeram-se a desenvolver as «acções necessárias» que tenham como meta «a integração dos programas nacionais de apoio à Sociedade de Informação e do Conhecimento, com o foco principal nas acções empresariais dos programas respectivos.»

Unidos pela língua

Quanto à APDT, levou a cabo no Brasil, na «cidade maravilhosa» e entre os dias 9 e 13 de Abril (mês em que se comemoraram os 500 anos da chegada de Pedro Álvares Cabral), uma série de eventos integrados na

A *REDEScoberta do Brasil* 175

«Semana Rio – Capital Mundial da Sociedade da Informação», cujo acontecimento central foi a conferência Americas Telecom 2000, promovida pela International Telecommunications Union. No âmbito do projecto REDEScoberta 2000, que, recorde-se, tem como objectivo a interligação de todos os teletrabalhadores de língua portuguesa, teve lugar: um «Colóquio da Sociedade da Informação sobre Novas Formas de Trabalho»; um *workshop* sobre «O Teletrabalho e a Nova Economia»; o acompanhamento em directo por vídeoconferência, seguido de debate, da Conferência Ministerial sobre a Sociedade da Informação e do Conhecimento, que decorria na mesma altura em Lisboa; a instalação do projecto – a «colocação da primeira pedra» – da Biblioteca Virtual da Sociedade da Informação dos Países de Língua Portuguesa; e a consagração oficial da APDT enquanto associação para o desenvolvimento do teletrabalho «em geral», e já não só apenas «portuguesa», com sede tanto em Lisboa (Oeiras) como no Rio de Janeiro.

Miguel Reynolds Brandão, presidente da APDT, considera que a iniciativa não constituiu «um episódio esporádico, desenquadrado ou inconsequente.» Pelo contrário, representou «o primeiro passo para se falar, com espírito empreendedor, de novas formas de trabalho, e uma maneira única de aproximar os cidadãos de língua portuguesa.» E também mais um passo para «a implementação do repto estratégico da APDT. Todos perceberam, com a nitidez de uma revelação, que novos mundos estão aí para serem desbravados. Com a REDEScoberta 2000 queremos envolver, nos próximos três anos, cem mil teletrabalhadores que utilizarão a sociedade de informação como um veículo de requalificação profissional, de mais oportunidades e melhor qualidade de vida. A nossa missão é utilizar construtivamente o teletrabalho como ferramenta de inclusão das pessoas na sociedade e de alargamento das oportunidades profissionais dos cidadãos das comunidades de língua portuguesa.»

Abril foi também o mês em que se reuniram, nos dias 17 e 19 e igualmente no Rio de Janeiro, representantes do Instituto das Comunicações de Portugal e da Agência Nacional de Telecomunicações brasileira. Este terceiro encontro formal entre o ICP e a Anatel teve como principais pontos da agenda de trabalhos a qualidade dos operadores fixos e móveis, a interligação, a telefonia sobre IP, a gestão do espectro radioeléctrico e a homologação de equipamentos. Ainda em Abril, mas já em São Salvador da Bahia, realizou-se o VII Fórum da Associação dos Operadores de Correios e Telecomunicações dos Países e Territórios de Língua

Oficial Portuguesa (entre 11 e 14), e o IV Encontro Ministerial e das Administrações dos Correios e Telecomunicações da Comunidade dos Países de Língua Portuguesa (13 e 14), além de ter sido inaugurada a XVII Lubrapex – Exposição Filatélica Luso-Brasileira (a 11). Abril de 2000 foi mesmo o mês do Brasil.

*(De: **Octávio dos Santos**; Inter.Face Nº 13, 1998/12; Comunicações N.º 109, 2000/9)*

Herdeiros de Camões: alguns factos e tendências recentes das culturas lusófonas

1998 ficou assinalado pelo Prémio Nobel da Literatura para José Saramago, pela Exposição Mundial de Lisboa e pelo quinto centenário da viagem de Vasco da Gama à Índia. 1999 ficou marcado pela (dolorosa) libertação de Timor e pela devolução de Macau à China. Dois anos em que a lusofonia esteve em grande destaque mais do que uma vez, pelo que se justifica indicar e analisar, mesmo que de uma forma sucinta (e sempre incompleta), o que de mais importante se disse e fez recentemente pela divulgação da língua e da cultura portuguesas e lusófonas. Isto enquanto não se procede a um balanço do que foi feito em 2000, ano em que se comemora meio milénio da Descoberta do Brasil, e em 2001, ano em que o Porto é cidade capital europeia da cultura.

Camões «revis(i)tado e institucionalizado»

O lançamento da revista «Camões» em Julho de 1998 constituiu, para muitos observadores, o sinal principal da revitalização da entidade que, sob o nome do maior poeta nacional, tem por missão a divulgação no estrangeiro da língua e da cultura portuguesas.

A publicação do Instituto Camões tem, recorde-se, uma periodicidade trimestral, tiragem de dez mil exemplares e a sua edição é apoiada pela Comissão Nacional para as Comemorações dos Descobrimentos Portugueses. Tem resumos em inglês, francês e castelhano, e os seus objectivos, nas palavras em editorial de Jorge Couto, presidente do Instituto Camões, são «dar expressão escrita à voz da língua portuguesa» e «a divulgação organizada de uma temática que envolve os grandes momentos, obras e homens do nosso património comum». Em texto publicado no Público na mesma altura, Eduardo Prado Coelho considerava que a nova revista é «uma publicação de inegável qualidade, servida por um grafismo magnífico e que poderá constituir uma plataforma activa na promoção das culturas lusófonas.» O conhecido articulista chamava ainda a atenção para outras iniciativas do IC que, aparentemente, seriam a prova de um «dinamismo renovado»: a presença do instituto na Internet com informação «viva e permanentemente actualizada»; uma participação na Expo 98 «de qualidade, com programas imaginativos, feitos com gosto e sentido de abertura cultural»; o projecto de uma «Casa da Lusofonia», a instalar na Praça Marquês de Pombal.

Houve posteriormente outras acções relevantes. Já em 1999, em Abril, foi anunciada a abertura de dois centros de ensino português em Espanha (país onde existem 13 leitores universitários de português), através de acordos bilaterais com as universidades autónomas de Madrid e de Barcelona. Esta iniciativa de certo modo antecipa e prepara a inauguração, nas duas principais cidades do país vizinho e provavelmente na Primavera de 2000, de centros culturais. Um que entretanto foi mesmo inaugurado foi o do Luxemburgo, a 17 de Maio de 1999, passando a constituir o 18º centro de uma rede que já incluía oito em África (nos países africanos de língua oficial portuguesa e em Marrocos), um no Brasil (Brasília), um na Europa (Paris) e cinco na Ásia (Nova Deli, Banguecoque, Pequim, Seul e Tóquio). Isto para além da mais vasta rede de leitores de língua e cultura portuguesas (148, 90 dos quais na Europa, em 120 universidades), em relação à qual o IC anunciou em Maio o processo de candidaturas para o ano de 1999/2000 e para cidades de 13 países: Alemanha, Angola, Coreia do Sul, Espanha, França, Gabão, Índia, Itália, Moçambique, Reino Unido, Suíça, Tailândia e Venezuela.

A outro nível, o Instituto Camões inaugurou em 1999 vários centros de língua portuguesa: em São Tomé e Príncipe, a 12 de Abril; em Moçambique o segundo (Beira, 17 de Setembro) e o terceiro (Maputo, 18) – o primeiro abriu em Outubro de 98 em Nampula; a 17 de Novembro mais um, na Cidade da Praia, capital de Cabo Verde. Fora de África, destaque para a abertura de um centro de língua portuguesa em Buenos Aires, na Argentina, que abriu as suas portas a 11 de Junho tendo como tarefas, entre outras, a formação e o intercâmbio de professores e a criação de cátedras. Representando um investimento de dez mil contos cada, estes centros têm como objectivo principal apoiar a actividade dos departamentos de português nas universidades, dispondo de um núcleo bibliográfico, audiovisual e multimédia com ligação à Internet.

Herdeiros de Camões: alguns factos e tendências recentes...   179

Outro projecto importante do IC, enquanto organismo sob a tutela do Ministério dos Negócios Estrangeiros e em parceria com a Fundação para a Ciência e a Tecnologia do Ministério da Ciência e da Tecnologia, foi objecto de um acordo celebrado no dia 14 de Janeiro de 1999. Trata-se do Programa Lusitânia, que tem como objectivo incentivar e dinamizar a investigação científica na área da língua e da cultura portuguesas no estrangeiro, o que implica a realização de projectos de investigação científica e tecnológica e o apoio à organização e participação em congressos e reuniões científicas, com a duração máxima de três anos; o concurso para admissão de propostas esteve aberto entre 3 de Maio e 14 de Junho, e em Outubro foram divulgadas as condições de acesso e atribuição de financiamentos aos sub-programas. A verba disponibilizada para o projecto, em partes iguais pelas duas instituições, foi de 200 mil contos.

Além deste, novos programas foram anunciados pelo instituto e pelo seu presidente: o Pessoa, de aperfeiçoamento do português durante oito meses em Portugal; o Vieira, para tradutores; o Camões, incentivo à participação de investigadores dos Estados Unidos; e o Lusofonia, dirigido aos melhores alunos africanos de português. Outras acções, planeadas ou já em execução, incluem um levantamento de recursos bibliográficos com correspondente elaboração de uma base de dados, e um levantamento de materiais didácticos de português como língua estrangeira.

Interrogado pelo Jornal de Letras em Fevereiro de 1998 quanto aos seus objectivos, o presidente do IC, lembrando que o número de leitorados, centros culturais e cátedras de português no Mundo tem vindo a crescer, considerava que, face a uma rede de tal dimensão, o instituto «deverá funcionar como uma grande retaguarda e como um excelente banco de dados. As minhas três palavras de ordem serão articulação, eficácia e apoio.» De referir, a propósito, que o instituto dispôs em 1998 para o seu plano de actividades de um orçamento de três milhões e meio de contos.

Instituir o outro Instituto

A julgar pelo trabalho já desenvolvido e pelas opiniões positivas que tem suscitado (com excepção, nomeadamente, da polémica surgida em Outubro de 1999 com a não admissão da escritora Maria Velho da Costa para a Direcção de Serviços da Acção Cultural Externa), tudo leva a crer que Jorge Couto está a conseguir passar à prática as suas palavras de ordem no Instituto Camões. Porém, convém não esquecer que este não é o único instituto que tem por missão a defesa da língua portuguesa.

Há também, pelo menos em intenções expressas no papel, o Instituto Internacional de Língua Portuguesa. Dário Moreira de Castro Alves, Presidente do Conselho de Curadores da Fundação Luso-Brasileira para o Desenvolvimento do Mundo da Língua Portuguesa, em artigo publicado no Boletim da Comunidade dos Países de Língua Portuguesa de Março de 1998 e significativamente intitulado «Da letra à acção», afirmava que «as indicações são hoje claras e formais no sentido de que se põe em movimento a aplicação prática do que fora acordado pelos sete países lusófonos, em 1989», quanto à criação do IILP. Este diplomata brasileiro, actualmente reformado, refere-se à cimeira realizada nesse ano no Brasil, em São Luís do Maranhão, que reuniu pela primeira vez todos os Chefes de Estado dos países que falam português. O encontro constituiu o início do processo que levaria à formação da CPLP, e serviu igualmente para a elaboração do Acto Constitutivo do Instituto Internacional de Língua Portuguesa, que estabelece como objectivos fundamentais a «defesa da língua, enriquecimento e difusão da língua como veículo de cultura, educação, informação e de acesso ao conhecimento científico e tecnológico; maior desenvolvimento das relações culturais entre todos os países e povos que utilizam o português como língua materna (é uma mensagem que transcende os sete países, como aspiração ou propósito); incentivo à cooperação, pesquisa e intercâmbio de especialistas nos campos da língua e da cultura».

Passaram-se quase oito anos até este projecto ser retomado na prática. Em 25 de Novembro de 1997 os ministros da educação dos sete países reuniram-se e tomaram uma série de deliberações: «reafirmar a importância do IILP, a ser juridicamente enquadrado tendo em vista as políticas educacionais e culturais dos sete países no que tange à promoção e difusão da língua portuguesa e à cooperação entre outras línguas nacionais; configurar a organização do Instituto, que deverá ser dotado de uma estrutura de coordenação simples e flexível, no âmbito da CPLP.» Nesse encontro ficou igualmente definido que a sede dessa «estrutura de coordenação» se situaria em Cabo Verde, e que seria orientada pelo Ministro da Educação deste país em colaboração com os representantes das seguintes organizações: Instituto Nacional de Investigação e Desenvolvimento da Educação, de Angola; Academia Brasileira de Letras; Instituto Nacional de Estudos e Pesquisas, da Guiné-Bissau; Fundo Bibliográfico de Língua Portuguesa, de Moçambique; Instituto de Inova-

Herdeiros de Camões: alguns factos e tendências recentes...

ção Educacional, de Portugal; e o Instituto Superior Politécnico de São Tomé e Príncipe. Em princípio o projecto de estatutos e o plano de actividades do IILP deveriam ficar prontos e aprovados em 1998. Na opinião de Dário Moreira de Castro Alves, as representações ou comissões nacionais do IILP deveriam «apresentar todas a mesma organização, que compreenderia divisões ou secções encarregadas do tratamento dos quatro temas. Seria de prever que representantes nacionais se reunissem uma ou duas vezes por ano, em uma das capitais lusófonas, com a assistência da CPLP, a fim de coordenarem suas actividades e programas de acção. Relatórios desses encontros seriam encaminhados aos Governos dos Sete e à CPLP.» A verdade é que se continua à espera...

A Espanha «deita a língua de fora»

... E enquanto os portugueses esperam, os espanhóis, como é costume, já deitaram mãos à obra. Em Março de 1998 soube-se que o Governo do país vizinho havia encomendado a uma consultora um estudo com o objectivo de planear as acções de promoção no Mundo do castelhano, língua falada por mais de 400 milhões de pessoas, de forma a transformá-lo num produto económico exportável e num novo sector da sua economia.

Há a percepção de que os negócios relacionados com a língua espanhola constituirão um sector de actividade emergente no próximo século, e que as elites económicas que souberem espanhol serão depois boas interlocutoras comerciais. Numa reportagem da autoria de Fernando Barciela publicada no Diário de Notícias, ficava-se a saber que as entidades encarregadas dessa «ofensiva» eram o Icex (Instituto Espanhol de Comércio Exterior) e a Associação para o Progresso do Espanhol como Recurso Económico, e que tinham sido identificadas as principais linhas de negócio possíveis a partir da promoção do espanhol: empresas de serviços linguisticos como tradução e interpretação, planificação linguística, serviços lexográficos (bases de dados), documentação e terminologia; ensino a estrangeiros; actividade editorial, que inclui não só livros e imprensa mas também dicionários e manuais em CD-ROM e outros produtos multimédia, tecnologias da fala, engenharia linguistica e software para computadores.

O Instituto Cervantes também participa, como não podia deixar de ser, na aplicação desta estratégia, tendo criado o OEIL – Observatório

Espanhol das Indústrias da Língua, que tem como principais tarefas recolher e difundir informação sobre a tecnologia, recursos e indústria da língua, informar sobre ajudas e subsídios, facilitar o contacto entre empresas e universidades, organizar a promoção deste sector e fomentar a formação de profissionais.

Além dos Estados Unidos, o Brasil é o mercado prioritário nos planos de expansão do idioma das autoridades do país vizinho. Estas pretendem aproveitar a oportunidade representada pela decisão estratégica tomada pelo Governo brasileiro de conseguir o bilinguismo português-espanhol da população do «país irmão» no período de uma geração, através principalmente da consagração do castelhano como segunda língua estrangeira de opção do sistema educativo (nos currículos do ensino secundário), tendo em vista a consolidação do Mercosul, o espaço económico do continente sul-americano.

Demonstrando mais uma vez o seu sentido de oportunidade, o Governo de Madrid enviou na primeira semana de Dezembro de 1999 uma delegação, constituída pelo ministro da educação e cultura, pelo seu secretário de Estado, e ainda pelo director do Instituto Cervantes, que mantiveram encontros com o vice-presidente brasileiro e com os ministros da educação e da cultura do «país irmão». Principais temas em discussão: a criação de um colégio espanhol no Brasil; o estabelecimento de um convénio para o reconhecimento de diplomas; a participação de Espanha nas comemorações dos 500 anos da Descoberta do Brasil.

Existem já alguns números a ter em conta neste assunto: o aumento rápido de exportações de livros espanhóis para o Brasil, que se multiplicaram por oito em 1995; 33 das 38 universidades do país permitem que as provas de acesso sejam examinadas em espanhol, e em cinco o número de examinados em inglês já foi superado; a previsão de que serão necessários 200 mil professores (devidamente «reciclados» e formados) para o ensino da língua espanhola aos brasileiros em 2005.

As paixões na educação

Estes 24 meses foram igualmente férteis em referências à problemática do ensino do português no estrangeiro. A tendência dominante é a de descontentamento face, por um lado, às muitas necessidades neste domínio, e, por outro, aos poucos meios que continuam a ser disponibilizados aos interessados na aprendizagem da nossa língua.

Em Agosto de 1998 o Conselho das Comunidades Portuguesas na Alemanha exprimia, em comunicado, o seu desagrado pela forma como se processaram os concursos para os lugares de professores de português naquele país. Mais concretamente, afirmava que o Ministério da Educação havia excluído 50% dos docentes, pelo que o concurso deveria ser anulado e repensado. Vasco Graça, do Departamento de Educação Básica deste ministério, recusou na altura, em declarações ao Público, que houvesse um desinvestimento no sector. O problema teve origem na publicação, em 1997, do novo «Estatuto dos Professores de Português no Estrangeiro». Um documento que introduziu «critérios de rigor e de transparência» e cujas consequências incluíram a abertura de concursos para lugares de docência, nomeadamente na Alemanha, e, ao mesmo tempo, a reavaliação da situação de alguns docentes, que tiveram de optar entre abdicar dos seus lugares e participarem no concurso e entre não abdicar e deixarem de ser pagos, no todo ou em parte, pelo Estado português. Vasco Graça esclareceu que, para 98, existiam na pátria de Goethe 138 professores de português, 51 pagos por Portugal e os restantes pela Alemanha.

O mesmo funcionário do ME português já havia reagido no mês anterior a outras críticas de representantes das comunidades portuguesas no estrangeiro, responsabilizando o Governo pelas carências no ensino do português e, mais grave, acusando-o de «esquecer as crianças que querem aprender a língua dos seus pais». Em declarações à agência Lusa citadas pelo Público, Vasco Graça garantiu que «o mais importante é travarmos a batalha para que em vários países o português seja reconhecido como uma língua ministrada a nível oficial», e lembrou que o ministério «gasta cerca de seis milhões por ano com cerca de 560 professores que pertencem ao quadro do ME» e que são destacados para leccionar no estrangeiro. Refira-se a propósito que mais de 90% destes docentes estão colocados na Europa; para o ano lectivo de 1997/98, por exemplo, a França teve 140, a Alemanha 125, a Suíça 105, a Espanha 65, o Luxemburgo 51, o Reino Unido 33, a África do Sul 23 e a Holanda 3; os cursos de língua e cultura portuguesa comportavam um total de 45.172 alunos, dos quais 11.757 em França. O ministério garantiu que continuaria a apoiar, através de subsídios ou material didáctico, as escolas particulares criadas por associações e instituições de países onde não existe a rede oficial. De qualquer modo, e pelo sim pelo não, o ministério decidiu reactivar as comissões mistas sobre este tema, consideradas espaços de negociação sobre educação, cultura e comunicação social entre Portugal e outros países.

O que não impediu que as manifestações de descontentamento continuassem até ao final de 1998 e se prolongassem por 1999. Em Dezembro os (então 83) professores de língua e cultura portuguesas em Espanha, que ministram aulas a sete mil alunos (dos quais dois mil portugueses) decretaram uma greve para os dias 9, 10 e 11, exigindo nomeadamente um aumento do suplemento de residência e o direito a assistência médica. Em Julho cerca de 80 emigrantes portugueses na Alemanha protestaram frente à Assembleia da República, uma vez mais contra o não recrutamento e pagamento, por parte do Governo, de professores de português que integram a rede sob responsabilidade da Alemanha. Também em Julho, professores de língua e de cultura portuguesas na Suíça e na França ameaçavam com novas formas de luta no início do novo ano lectivo se, entretanto, o Ministério da Educação não regularizasse as suas situações laborais. Em Agosto, em Ponta Delgada, no VII Encontro de Professores de Português dos Estados Unidos e Canadá, foi feito um apelo a um apoio urgente, por parte das entidades oficiais, ao ensino da nossa língua naqueles países, aos níveis das instalações, dos materiais e dos programas, sob pena de uma «quebra irreparável».

São precisamente problemas como estes, cuja dimensão e complexidade são muito vastas, que estiveram na origem da proposta que a Associação de Professores de Português apresentou ao primeiro-ministro em Junho de 1998: a elaboração, reunindo todas as entidades que desenvolvem trabalho nesta área, de um livro branco sobre o ensino do português no estrangeiro. A APP considerava que esta tarefa seria a primeira etapa de um processo de definição e implementação de uma política de língua integrada e eficaz, que implica necessariamente a criação de uma estrutura supra/interministerial que assegure a coordenação dessa política. Porém, a elaboração de um livro branco não foi a única medida proposta pela APP. Esta associação sugeriu igualmente que: a selecção dos docentes e leitores de português no estrangeiro seja feita de acordo com as características do contexto em que vão actuar; a adequação dos programas para os outros países às suas diferentes realidades em vez de serem baseados nos programas vigentes em Portugal; a integração das aulas de português no currículo nacional do ensino não superior de cada país; e a realização de uma campanha de promoção internacional da língua junto dos agentes culturais e económicos estrangeiros.

Emigrantes não dão o salto?

Este é só um exemplo, entre vários, de como as partes interessadas nesta questão têm participado na busca de respostas aos problemas. A investigação e a reflexão ocupam um lugar preponderante, e aqui há que destacar um artigo dos professores Fernando Costa e Emília Amor intitulado «Luxemburgo: insucesso escolar nos alunos portugueses», publicado na edição do Público de 25 de Junho de 1998.

Nele é referido que os alunos portugueses têm elevadas taxas de insucesso no ensino primário, onde a maioria das crianças, cerca de 70%, não tem aproveitamento no final da escola primária luxemburguesa, e cerca de metade abandona prematuramente a escola, entrando no mundo do trabalho sem qualquer qualificação profissional. Além disso, é frequente saírem do ensino preparatório, que naquele país dura três anos, sem uma qualificação académica. Mais: só uma percentagem reduzida de alunos portugueses frequentam o ensino secundário clássico. Os autores chamam a atenção para o facto de «as políticas linguísticas de imersão violenta das comunidades migrantes ou de outras minorias conduziram comprovadamente a prejuízos graves de ordem linguística (semilinguismo, em que a criança não fala convenientemente qualquer língua), de ordem cognitiva (atrasos no desenvolvimento e, por consequência, nas aprendizagens, conduzindo a resultados escolares inferiores) e de ordem cultural (perturbações na identidade, disfuncionamentos comportamentais, guetização).» O problema é agravado pela «situação de multilinguismo específica do Luxemburgo», um país onde coexistem o luxemburguês, o alemão e o francês e, logo, pela utilização destas em muitos aspectos da vida quotidiana, em detrimento do português, e pelo baixo grau de literacia da comunidade migrante portuguesa. O problema é só ligeiramente atenuado pela razoável padronização e convencionalismo da «relação/tipo de contactos das famílias com a sua língua e a sua cultura de origem, pautados pela acção dos diversos organismos associativos, da rádio e imprensa locais em língua portuguesa, da própria RTPi, bem como pelo hábito, ainda dominante, das deslocações a Portugal nos períodos de férias.»

Emília Amor e Fernando Costa lembram, a propósito, o projecto Plux, desenvolvido nos anos 80, que, indicando como vector metodológico a investigação-acção, definia como áreas de intervenção prioritária: a reestruturação da didáctica do português, com vista à integração articulada da disciplina no sistema de ensino luxemburguês; a integração curricular, para a superação do insucesso em algumas disciplinas; a preparação dos professores portugueses e luxemburgueses para uma prática efectiva da pedagogia intercultural; e a sensibilização das famílias portuguesas a formas de apoio às crianças em situação escolar. No entanto, o Plux não alcançou os resultados pretendidos, pelo que, na opinião destes docentes, «a situação presente mantém-se preocupantemente deficitária e problemática». Ela é caracterizada: pela existência de dois sistemas de ensino de português, o integrado e o paralelo; pela inexistência de um ensino pré-escolar em português com educadores de língua e cultura portuguesas; pela ausência de mecanismos de articulação e de trabalho paritário ou concertado, no plano institucional.

Para Emília Amor e Fernando Costa «o Ministério da Educação não pode alienar a sua quota-parte de responsabilidade na superação desta realidade. O que obrigará a estudá-la na sua complexidade, a estabelecer prioridades e a mobilizar recursos técnicos, numa via de credibilização das instâncias presentes em futuras negociações: saber o que se quer e porquê. Os desígnios da lusofonia também passam por aqui.»

Dificilmente se poderia dizer melhor. Na verdade, a análise destes profissionais portugueses da educação aplica-se quase na perfeição às situações verificadas em outros países, apesar de em alguns se registarem já alguns progressos, mesmo que ligeiros. É o caso de França. Um artigo de Solange Parvaux, inspectora (reformada) do Ministério da Educação francês, publicado no Jornal de Letras, Artes e Ideias em 14 de Janeiro de 1998, destacava o facto de, a partir de 1985, se terem multiplicado os esforços dos vários Ministérios da Cultura, nomeadamente o francês, o português e o brasileiro, de fundações como a Gulbenkian, de institutos como o Camões, de numerosas associações portuguesas ou francesas, entre as quais a Union Latine e a ADEPBA (Association pour le Developpement des Etudes Portugaises, Bresiliennes, D'Afrique et D'Asie Lusophones), no sentido da difusão da língua e da cultura dos países lusófonos.

A senhora Parveaux refere que foi aproveitada a introdução de uma sensibilização às línguas estrangeiras no ensino primário, decidida em 1989, para «atingir o jovem público francês e poder mudar progressivamente os estereótipos negativos de que, às vezes, sofre o português e que tanto prejudicam o desenvolvimento do seu ensino no nível básico e no secundário.» Esta sensibilização dirige-se a turmas completas, isto é, a alunos franceses e a alunos estrangeiros, lusófonos e não lusófonos, e foi decidido em 1995 que esta iniciação começaria dois anos mais cedo.

Herdeiros de Camões: alguns factos e tendências recentes...   187

Solange Parveaux afirma que a implantação de uma língua estrangeira como o português pressupõe «uma mudança prévia de mentalidades, sempre lenta porque depende de um melhor conhecimento das culturas dos países que a falam», mas não duvida de que «embora lentos e ainda insuficientes, são reais e aliciantes, nos dez últimos anos, os progressos da difusão das culturas lusófonas em França e do ensino da língua portuguesa no sistema educativo francês, nomeadamente a franceses e a não lusófonos.»

Lanças em África

Na Europa a situação não é ainda a mais favorável mas há sinais de melhorias ou, pelo menos, de tentativas para tal. E fora do velho continente? Por exemplo, em África? José Lello, então Secretário de Estado das Comunidades, teve ocasião de confirmar que o ensino de português continua a ser uma necessidade fundamental na visita que efectuou, em Maio de 1998, às comunidades portuguesas residentes no Suazilândia, África do Sul, Zimbabwe e Moçambique.

Na Suazilândia José Lello comprometeu-se a criar uma estrutura que, dentro dos limites legais, permita a reactivação da escola portuguesa, encerrada por falta de professor, e adiantou a hipótese de serem professores qualificados da Escola Portuguesa de Maputo a efectuarem os exames finais aos jovens portugueses residentes naquele país, medidas que possibilitem o fim da separação de muitas famílias: há muitos casos de jovens que estudam em Portugal ou na África do Sul, onde se corre o risco de eles esquecerem a sua língua materna, tanto mais que «falar português em casa é insuficiente». Os problemas eram mais ou menos idênticos no Zimbabwe, país onde, apesar de a cultura portuguesa ser ensinada nas universidades e existirem várias palavras portuguesas nos dialectos locais, a última professora de português para jovens emigrantes reformara-se em 1994. Quanto a Moçambique, um dos assuntos principais da visita do Secretário de Estado das Comunidades foi a construção da nova escola portuguesa, que viria a abrir as suas portas em Outubro de 1999, com uma população de 1150 alunos, 85 professores (na maioria portugueses) e 45 funcionários. Tendo custado mais de um milhão de contos, a Escola Portuguesa de Moçambique assume-se como uma «escola multi-cultural», integra todos os níveis de ensino (do pré-escolar ao secundário), é tutelada conjuntamente pelos Ministérios da Educação e dos Negócios Estrangeiros, e orienta-se tanto pelos currículos como pelos calendários escolares portugueses.

Maio de 98 foi também o mês em que se realizou, no nosso país, o I Encontro de Organizações Sindicais de Professores da Comunidade de Países de Língua Portuguesa, uma iniciativa organizada pela Fenprof e que contou com a participação de representantes de sindicatos de Angola, Brasil, Cabo Verde, Portugal e São Tomé e Príncipe. Os encontros deste género começam, na verdade, a tornarem-se uma (boa) prática. Em Março de 99 realizou-se, em Luanda, o (primeiro) encontro de responsáveis e técnicos de educação da CPLP; em Abril, em Maputo, o encontro da Associação de Universidades de Língua Portuguesa; de 9 a 11 de Novembro, o III Seminário Nacional de Professores de Português (como) Língua Estrangeira, na Cidade do México; o III Congresso Internacional de Formação de Professores de Língua e Expressão Portuguesas, de 18 a 20 de Novembro na Cidade da Praia, Cabo Verde; e, ainda em Novembro, e em São Tomé e Príncipe, estava prevista a III Conferência de Ministros da Educação da CPLP – que se seguiu à (fundamental) II Conferência, efectuada em Brasília, que estabeleceu um plano de acção trienal no âmbito educacional. São ocasiões para se discutirem assuntos como «programas experimentais de formação contínua de professores e de educação de jovens», «acesso às novas tecnologias de informação e comunicação», «métodos e meios de ensino à distância», «promoção da educação básica e dos ensinos superior e técnico-profissional» e «implementação de um sistema de monitorização das tendências do mercado de trabalho».

Consequência ou não dos debates, o certo é que as acções concretas em África têm-se sucedido a um ritmo considerável. Alguns exemplos: em Abril de 99 140 escolas de Moçambique receberam (361) «mochilas da língua portuguesa», contendo cada uma dicionários e gramáticas para professores e alunos; no mesmo mês foram assinados três protocolos entre os Governos de Portugal e de São Tomé, relativos à definição de uma lei de bases, à elaboração de uma carta escolar e à utilização de novas tecnologias; em Julho era apresentado o projecto «Consolidação dos Sistemas Educativos nos PALOP», co-financiado pela União Europeia e pela Fundação Gulbenkian (autora da iniciativa), cujos objectivos incluem a preparação de 400 formadores de professores do primeiro ciclo do ensino básico, a edição de oito manuais didácticos e a construção e equipamento de um centro de formação local em cada um dos cinco países africanos de língua oficial portuguesa; em Agosto o

Herdeiros de Camões: alguns factos e tendências recentes... 189

Ministério da Educação iniciava um processo de contratação de professores do ensino secundário para Cabo Verde; em Outubro o embaixador de Portugal na Guiné-Bissau entregou ao Instituto Nacional para o Desenvolvimento Escolar daquele país o primeiro lote de mais de 100 mil livros destinados ao ensino do português ao nível básico; em Novembro, chegaram a Cabo Verde cerca de 30 professores portugueses, para leccionar não só português mas também inglês, matemática, ciências e educação tecnológica.

Negócios com a China

A visita oficial de Jorge Sampaio a Macau em Março de 1999 permitiu finalmente a inauguração de um estabelecimento «unificado» de ensino português para os mais jovens (a juntar-se à Universidade e ao Instituto Politécnico de Macau), apesar de Setembro de 1998 ter sido a data repetidamente apontada para tal «estreia».

O *Público* noticiava já em Novembro de 1997 que, depois de visitas efectuadas por Jorge Sampaio e Jaime Gama, havia ficado estabelecido que a Escola Portuguesa de Macau seria construída pelo Ministério da Educação português e financiada pela Fundação Oriente e pela Associação Promotora da Instrução dos Macaenses, proprietária do edifício da Escola Comercial Pedro Nolasco e local onde foi decidida a instalação da nova instituição de ensino. Na altura discutia-se igualmente a sua inserção na rede pública de ensino, de forma a poder beneficiar de subsídios oficiais, bem como a possibilidade de os seus alunos poderem ingressar no ensino superior em Macau. Contudo, uma das questões mais polémicas, além do atraso na instalação e entrada em funcionamento, era a do número de alunos que a nova escola iria servir: os números (previstos) oscilavam entre os 300 e os 2300; professores, talvez 400. Sobre estas definições, Leonel Alves, deputado e presidente da associação Macau Sempre, comentou que «isto revela que pouca gente irá estudar nessa escola, o que contraria a perspectiva da aposta na continuidade dos portugueses em Macau.»

Entretanto, quase um ano depois, em Setembro de 1998, ficava-se a saber que um despacho do secretário adjunto para a Administração, Educação e Juventude, publicado no Boletim Oficial de Macau, estipulava que as duas escolas luso-chinesas de Macau, uma do ensino básico e outra do secundário, passavam a integrar secções portuguesas, em regime de experiência pedagógica, e onde funcionaria o ensino oficial em língua veicular portuguesa. O despacho, citado pelo Público, refere ainda que o sistema educativo de Macau é «concebido por referência às necessidades e características próprias da realidade social do território, devendo ter uma expressão suficientemente flexível e diversificada que permita a integração das suas diferentes comunidades.»

Afinal, e com 74 professores e 930 alunos inscritos (quase mais 100 do que a lotação prevista), distribuídos pelos primeiros ciclos e pelo secundário, a Escola Portuguesa de Macau iniciou as suas actividades lectivas em 23 de Setembro de 1999, ministrando programas semelhantes aos leccionados em Portugal (com algumas alterações em disciplinas como história e geografia), de modo a que os alunos que iniciem os estudos nesta instituição possam, eventualmente, continuá-los em Portugal. Em declarações ao Diário de Notícias, Edith Silva, directora da escola (que inclui o mandarim como língua extracurricular e opcional), admitia que a sua ocupação fosse reduzida entre 10 a 15% devido ao regresso de algumas famílias a Portugal após a transferência da administração do território. O orçamento do ano lectivo de 1999/2000, no valor de aproximadamente 836 mil contos, é suportado pelo Ministério da Educação português.

A abertura da escola é um facto positivo, mas pode não ser suficiente. Maria José Grosso, num artigo publicado no boletim informativo da CPLP de Março de 1998, lembrava que «os anos 80 são fundamentais para a educação e consequentemente anos preparatórios para uma divulgação massiva do português como língua estrangeira em Macau», mas faz notar que «apesar do esforço, a democratização da educação e, consequentemente, a implementação de inovações, é muito lenta. A carência de materiais adequados ao ensino/aprendizagem do português a este público é notória, bem como a falta de professores com formação específica nesta área.»

Maria José Grosso chamava a atenção para o facto de o português nunca se ter assumido verdadeiramente como língua de comunicação oral, e refere que estão calculados em cerca de nove mil os alunos adultos de etnia chinesa que estudam português como língua estrangeira, distribuídos pelo Centro de Difusão de Línguas da Universidade de Macau, o Instituto Politécnico e o Instituto Português do Oriente. Esta investigadora não duvida de que «a identidade de Macau passa pelo conservar da língua e da cultura portuguesas. Só um perfil sócio-cultural diferente permitirá que o futuro de Macau, Região Administrativa Especial, tenha um estatuto, sistema e política diferentes duma outra qualquer cidade chinesa. Mais do que o testemunho simbólico e histórico da presença portuguesa, será a marca da sua internacionalidade que abrirá caminho aos diversos contactos com o Ocidente.»

Para essa conservação da língua e da cultura portuguesas é fundamental a regulamentação do estatuto oficial das línguas, uma questão que permaneceu complexa e controversa até à transferência de soberania. Esteve – está – em causa a manutenção do português como segunda língua oficial. Na opinião de alguns entendidos, tal esforço poderá ser inglório. Roderich Ptak, sinólogo da Universidade de Munique que esteve presente no colóquio «Portugal, Macau e as Relações Europa--China», realizado em Outubro de 1999 em Lisboa, afirmou que: o inglês substituirá o português a longo prazo; a criação de institutos culturais luso-chineses não é suficiente; Portugal tem de ser a ponte para outros países latinos, como a França e a Itália. Mas talvez existam motivos para algum optimismo. Fernando Rebelo, reitor da Universidade de Coimbra, visitou em Abril, além de Macau, as universidades de Pequim e Xangai, e revelou ao DN ter ficado «impressionado» com o interesse dos chineses pela cultura portuguesa: na primeira são mais de 200 os estudantes de português, e na segunda existem quadros de Camões, Garrett, Herculano, Eça, Saramago e Sofia de Mello Breyner em algumas salas de aula...

Entretanto, «os professores portugueses estão a oferecer-se às centenas para ensinar em Timor-Leste». Quem o disse, em Outubro de 1999, à agência Lusa, foi António Pinhão, dirigente do movimento «Timor Lorosae não pode esperar – As Escolas são Solidárias». Foi na verdade um bom prenúncio para uma entre as muitas tarefas, embora particularmente importante, indispensáveis para a (re)construção do novo país. Em Novembro vieram a público notícias de que as forças australianas em Timor estariam a exercer pressões para a cada vez maior utilização do inglês no território. Isto na mesma altura em que se deslocou a Dili uma equipa do Ministério da Educação português, encarregada de inventariar as necessidades mais prementes: administração educativa, (re)construção de escolas, colocação e formação de professores, material didáctico adequado. Outro instrumento fundamental é a atribuição de bolsas de estudo no nosso país a jovens timorenses, solução à qual o Conselho dos Reitores das Universidades Portuguesas e o Conselho Coordenador dos Institutos Superiores Politécnicos ter-se-ão mostrado receptivos.

Geografia das celebrações

A criação da CPLP em 1996 veio reforçar ainda mais uma tendência, que já se verificava antes, de multiplicação de eventos lusófonos, transcontinentais, de carácter político e económico mas principalmente de âmbito cultural. Longe de constituírem apenas ocasiões para trocas de palavras mais ou menos laudatórias, a profusão de congressos, festivais, assembleias e encontros tem proporcionado oportunidades reais de discussão e análise dos problemas e a preparação e desenvolvimento de soluções. Isto quando o seu objecto não é pura e simplesmente – e já é muito – a celebração da lusofonia.

A este respeito, precisamente, é de destacar as II Pontes Lusófonas, que se realizaram entre 15 e 19 de Setembro de 1999 em Maputo, com organização do Instituto Camões. Recorde-se que a primeira edição das Pontes – com um programa «diurno» (debates) e um «nocturno» (espectáculos) – decorreu em Junho de 98 em Lisboa, aproveitando a realização da Expo 98. Considerado o «festival da lusofonia» por excelência, a iniciativa abrangeu mostras de literatura, exposições de artes plásticas, debates com autores e editores, lançamento de livros e catálogos, ciclos de cinema e espectáculos musicais. José Saramago, também presente, afirmou que é necessário construir dois tipos de pontes: dentro de cada país, entre as várias instituições; e entre os vários países. «As pontes deverão começar a ser construídas dos dois lados, encontrando-se a meio». O laureado com o Prémio Nobel foi, como seria de esperar, um dos protagonistas daquele ano, estando presente (ou sendo amiúde citado) em vários destes eventos, tanto os «estritamente lusófonos» mas não só: na Bienal do Livro do Rio de Janeiro, inaugurada a 20 de Abril, o escritor português propôs a realização, alternada em Portugal e no Brasil numa primeira fase e nos países africanos e em Timor numa segunda, de uma bienal das literaturas de língua portuguesa.

As Pontes Lusófonas podem ter-se assumido como o encontro regular mais importante, mas não está isolado. De entre as iniciativas mais relevantes do ano de 1999, é de referir, entre outras: em 24 e 25 de Maio, em Sintra, com organização da câmara municipal presidida por Edite Estrela, a Festa da Língua Portuguesa II, que reuniu vinte poetas de três continentes para a discussão da sua actividade mas também para a leitura de algumas das suas obras; o IV Congresso de Língua Portuguesa, em 7 e 8 de Junho, organizado pelo Observatório da Imprensa português em Macau, e que teve como assunto principal o reforço das redes de comunicação em língua portuguesa; o I Encontro de Escritores Lusófonos, que

Herdeiros de Camões: alguns factos e tendências recentes...   193

teve lugar em Espinho a 15 de Junho, organizado pela câmara local, e que teve como tópicos de discussão «a lusofonia como conceito estratégico num mundo multipolar», «o papel dos escritores de língua portuguesa na aproximação dos povos», «o papel e o espaço para a literatura em português nos primórdios do século XXI» e «a aproximação dos jovens à literatura em português».

E ainda: o 6.º Congresso da Associação Internacional de Lusitanistas, realizado no Rio de Janeiro entre 8 e 11 de Agosto – «600 participantes, 120 mesas-redondas, um número incalculável de comunicações, depoimentos e debates», segundo o Público; em Outubro, entre 21 e 23, e em Lisboa, a X Expolíngua – Salão Português de Línguas e Culturas, que albergou em simultâneo o 1º Congresso de Português Língua Não Materna; a 3ª Bienal do Fundo Bibliográfico de Língua Portuguesa, também em Outubro (começou a 27) na Cidade da Praia, em Cabo Verde (as anteriores edições foram em Moçambique); o III Encontro Lusófono de Ciências da Comunicação, entre 27 e 29 de Outubro em Braga, na Universidade do Minho, e onde esteve em debate a comunicação social e a globalização do espaço lusófono; o Congresso Portugal/Brasil – Memórias e Imaginários, entre 9 e 12 de Novembro em Lisboa, na Gulbenkian; os «Diálogos» luso-marroquinos, uma iniciativa do IC que decorreu em simultâneo com o 1º Salão Mediterrânico do Livro e da Edição de Casablanca, realizado entre 1 e 8 de Dezembro, e que incluiu o lançamento da colecção bilingue de livros «Lazúli», a exposição «Memórias Árabo-Islâmicas em Portugal» em Rabat, exibição de filmes, e vários debates com especialistas dos dois países.

Os palcos da História

1998 foi um ano previsivelmente marcado pela evocação, em praticamente todas as formas de expressão artística, dos Descobrimentos e das suas consequências, imediatas e/ou mais duradouras. O teatro não constituiu excepção, e foi possível assistir, em Portugal e não só, a algumas peças que reflectiam sobre esta temática. Esta arte já está aliás devidamente consagrada, enquanto pilar cultural fundamental do espaço de língua portuguesa, através do festival Cena Lusófona, que desde 1995 reúne anualmente companhias de teatro dos sete países que hoje constituem a CPLP.

Uma tarefa que não tem estado, todavia, isenta de dificuldades. O Instituto Camões denunciou, em Outubro de 1998, o protocolo que tinha com a associação, suspendendo o financiamento a esta (50 mil contos por parte do Ministério dos Negócios Estrangeiros, que tutela o IC, e outro tanto do Ministério da Cultura) e pedindo uma auditoria – que, diga-se, não viria a ser feita. Já em Julho de 1999, a Cena Lusófona «contra-atacou»: decidiu processar a Secretaria de Estado dos Negócios Estrangeiros e da Cooperação pelo não cumprimento do protocolo, reivindicando ao mesmo tempo o pagamento de 100 mil contos, correspondentes às comparticipações previstas para 98 e 99. António Augusto Barros, presidente da Cena Lusófona, falava ao jornal O Independente, na sua edição de 25 de Junho de 1999, em «inexistência de uma política cultural externa por parte do Estado português», realçando também as diferentes atitudes dos dois ministérios envolvidos. Posteriormente, em declarações ao Diário de Notícias (edição de 29 de Dezembro), apontava as prioridades para o futuro: «a necessidade de criar centros formativos multiculturais em cada país; a existência, pelo menos na capital de cada país africano, de um espaço cénico que possa receber espectáculos; e um grande estímulo à escrita teatral.»

À CL não têm faltado projectos, o mais importante dos quais foi «Viagem ao Centro do Círculo», que decorreu durante todo o ano de 99 e que implicou uma pesquisa em cinco cidades – Bahia, São Paulo, Maputo, Luanda e Mindelo – e a apresentação de um «exercício-espectáculo», a decorrer no Brasil, Cabo Verde, Angola, Moçambique e também em Portugal. Está é de facto uma dinâmica que vem de trás. Manuel João Gomes chamava a atenção em Setembro de 1998, no Público, para a «actividade teatral viva e actuante que os novos países de expressão portuguesa foram construindo ao longo da década, ultrapassando todos os obstáculos da guerra civil e do subdesenvolvimento ou mesmo servindo-se deles.» E dava como justificação a passagem pelo Festival de Almada, pela Expo 98 e pelos Encontros Acarte de espectáculos vindos de São Tomé, de Angola e, principalmente, de Moçambique, que «confirmou a existência de propostas variadas e estratégias surpreendentes.» Os exemplos: «Na Nzuá e Amirá», pelo Elinga Teatro de Angola, em cena na Expo 98 entre 7 e 18 de Setembro daquele ano; «Que Dia!», pela companhia moçambicana Mutumbela Gogo, também na Expo, a 25 de Junho; «Neptuno», pela companhia (também) moçambicana Gungu, ainda na Expo, a 29 de Agosto, uma sátira ao colonialismo português; «A Cadeira do Poder», também pela Gungu, nos Encontros Acarte a 14 de Setembro, sátira à classe política moçambicana.

Herdeiros de Camões: alguns factos e tendências recentes... 195

Entretanto, em Julho de 1998 estreava-se no Teatro Politeama, em Lisboa, «Os Emigrantes», da autoria do polaco Slowomir Mrozek, interpretada por Daniel Martinho e Ângelo Torres. Foi adaptada e encenada por Celso Cleto, que, em declarações ao Público, afirmou que «em época de comemoração de grandes acontecimentos, como a chegada de Vasco da Gama à Índia, é preciso que se comece a ensinar que se é de várias raças. O multiculturalismo ainda não integra os currículos escolares». Também em Julho estreava-se em Portugal, no Festival de Teatro de Almada, «O Mulato dos Prodígios», peça de José Mena Abrantes levada à cena pelo grupo angolano Elinda Teatro, de Luanda. O título refere-se a Luís Lopes Sequeira, que, nas palavras de Manuel João Gomes, no Público, era «uma personagem polémica, um bem-mal-amado, mestiço, nem preto nem branco, herói e anti-herói, comandou os exércitos do colonialismo português, venceu batalha atrás de batalha, desbaratou reis e reinos, tendo contribuído para aumentar consideravelmente o território que hoje pertence a Angola.»

No mês anterior, Junho, o Auditório Carlos Alberto, no Porto, havia constituído o local de estreia de «Água Negra – Ministros da Noite». Adaptada da obra de Ana Barradas «Ministros da Noite – O Livro Negro da Expansão Portuguesa», encenada por Carlos Curto e levada à cena pelo grupo Teatro Art'Imagem, esta peça pretendia, segundo os responsáveis desta companhia, «dar a conhecer o outro lado da expansão portuguesa» e contribuir para denunciar, não só os por eles designados «500 anos de Encobrimentos» mas também «o discurso nacionalista e xenófobo» que, alegadamente, é actualmente «servido com os espectaculares meios que a governação detém, envolto em roupagens de novoriquismo e de "comemorativite aguda"». Além do livro de Ana Barradas, a peça era baseada também em textos de Camões, do Padre António Vieira, de Fernando Pessoa e do próprio Carlos Curto. Luís Miguel Queirós, escrevendo no Público, anotou que «Água Negra» inicia-se «com uma espécie de revisão da história portuguesa e do modo como esta foi sendo mitificada. Enquanto os actores (que encarnam a Nação, o Poder e o Povo) "atravessam" um palco convertido em metáfora do país e do seu passado, ouvem-se em "off" discursos de Salazar e Caetano, fados de Amália, referências ao Benfica e a canção "Ó tempo, volta para trás".»

*(De: **Octávio dos Santos**; inédito; escrito entre 1999 e 2001)*

Timor, daqui Portugal!

É a 20 de Maio que será celebrada e confirmada oficialmente a independência de Timor (Leste), pelo que se procurou saber quais os projectos e acções mais importantes que algumas das mais representativas entidades e empresas nacionais do sector das tecnologias da informação têm desenvolvido recentemente em prol daquela antiga colónia portuguesa.

A primeira e principal ilação que se tira é, o que não surpreende, a de que está praticamente tudo por (re)fazer. A actividade das comunicações não escapou à destruição quase total que se abateu sobre aquele território, pelo que foi quase com naturalidade que várias individualidades e instituições do nosso país desde logo se ofereceram, ou responderam afirmativamente aos pedidos feitos nesse sentido (em português), para colaborarem na reconstrução e/ou renovação das infra-estruturas de correios e telefones, e na implementação de uma «sociedade da informação» em Timor. ANACOM, CTT, Portugal Telecom, AICEP, Vodafone, Jazztel, Compaq, Microsoft, Rumos, entre outras, já «deitaram mãos», directa ou indirectamente, ao trabalho.

Inicialmente, trata-se, obviamente, de repor em funcionamento serviços básicos, mínimos, os indispensáveis à satisfação das necessidades elementares, mais prementes, dos timorenses nesta área. O que não impede que se comece já a pensar em iniciativas futuras, de outra dimensão e alcance. A 11 de Abril último o jornal Público noticiava a intenção de (tentar) mudar a designação do domínio de Internet atribuído a Timor, do actual «.tp» para «.tl». A iniciativa é de Martin Maguire, um irlandês que é director do Connect Ireland, um fornecedor de acesso à Internet sediado em Dublin, e apoiante antigo da causa do povo maubere (é o criador do sítio www.freedom.tp). O objectivo é, à semelhança do que se pretende fazer com o «.tv» de Tuvalu para companhias de televisão, esse eventual novo domínio vir a alojar sítios de empresas de telecomunicações ou de listas telefónicas do tipo «páginas amarelas» – e proporcionar desse modo receitas significativas para o novo país.

Criar um enquadramento

No processo de (re)construção das comunicações em Timor, o Instituto das Comunicações de Portugal, entretanto redenominado Autoridade Nacional das Comunicações, tem vindo a desempenhar um papel principal. A sua actuação começa, na prática, com a assinatura, a 3 de Novembro de 2000, de um acordo de cooperação/memorando de entendimento na área dos transportes, comunicações, habitação e obras públicas, entre o Governo de Portugal e o então Governo de Transição de Timor.

A ANACOM, enquanto «organismo competente em matéria de regulação do sector das telecomunicações no âmbito do Ministério do Equipamento Social», comprometeu-se a «colaborar no desenvolvimento das telecomunicações no território e na gestão do espectro radioeléctrico timorense, bem como a apoiar a reformulação da legislação do sector e fornecer assessoria técnica sectorial», e a desenvolver «várias acções de formação e de assistência técnica.» Ficou ainda prevista, para uma segunda fase, a realização de missões técnicas a Timor e, posteriormente, a doação de equipamento informático e de equipamento de controlo radioeléctrico. Estabeleceu-se que a execução do acordo será supervisionada por uma comissão permanente de gestão e acompanhamento.

Um elemento da entidade portuguesa de regulação integrou uma equipa multidisciplinar do MES que realizou uma missão de trabalho a Dili entre 4 e 19 de Janeiro de 2001. O representante do regulador nacional procedeu, entre outras acções, à identificação de um espaço no edifício das telecomunicações de Dili para a instalação do sistema informático que a ANACOM viria a oferecer à administração transitória de Timor. E verificou que a gestão do espectro radioeléctrico (e das frequências atribuídas), tarefa então da responsabilidade da UNTAET, era desenvolvida «em plena observância do regulamento das radiocomunicações da União Internacional das Telecomunicações.» Naquela ocasião os responsáveis timorenses manifestaram interesse na implementação de um sistema de rastreio e medição das emissões radioeléctricas, e foi discutida a hipótese de instalação de um centro de controlo radioeléctrico em Dili, «embrião de um futuro sistema de controlo de utilização do espectro radioeléctrico no país.»

A 21 de Julho do mesmo ano foi publicada a Lei de Telecomunicações de Timor-Leste (Regulamento nº 2001/15), que, entre outras disposições, cria a Autoridade Reguladora das Comunicações (Communications Regulatory Authority), e estabelece os princípios da política de telecomunicações, nomeadamente a salvaguarda do princípio do serviço universal. Após a independência, a CRA irá suceder ao Information Technology, Post and Telecommunications (ITPT), o departamento do Ministério dos Transportes e Comunicações que tem tratado dos assuntos ligados às telecomunicações, correios e tecnologias da informação durante o período de transição.

Em Outubro de 2001 tiveram início, em Lisboa, estágios concedidos a elementos (timorenses) da Divisão de Tecnologia de Informação, Correios e Telecomunicações da UNTAET. A primeira das acções de formação ocorreu de 1 a 11 de Outubro, abordando a área de fiscalização do espectro radioeléctrico, e contou com a presença de dois elementos da ITPT. De 22 a 26 do mesmo mês tratou-se da análise dos assuntos internacionais, em especial os protocolos, tratados e organizações internacionais, tendo participado dois timorenses. A terceira das acções de formação visou o nível do enquadramento da regulamentação e licenciamento de operadores, e realizou-se de 29 a 31 de Outubro. A área da tarifação e da numeração constituiu o tema de um quarto estágio, que decorreu entre 19 e 29 de Novembro.

É igualmente no âmbito da formação que se desenrola o essencial da cooperação empreendida pela Associação dos Operadores de Correios e Telecomunicações dos Países e Territórios de Língua Portuguesa. No plano de actividades da AICEP para 2001 é referida a realização de acções de formação com participantes vindos de todos os países de língua oficial portuguesa, incluindo Timor. Com incidência especial na actividade de correios, essas acções de formação abordariam temas como «reforma postal e serviço universal», «melhoria da qualidade de serviço», «encomendas postais internacionais» e «gestão da produtividade aplicada aos correios». Mais importante, e interessante, era a referência, no mesmo plano, de um «Projecto Timor Lorosae», de «apoio às comunicações» no novo país, e cujas acções dele constantes, e respectivo calendário de implementação, seriam apresentadas na sequência do diagnóstico que a AICEP realizaria em Abril de 2001.

PT avança para «.tp»

Em Novembro de 2001 o então ICP informava que a reconstrução da rede básica e do sistema de telecomunicações em Timor-Leste registava «avanços significativos», com o lançamento de um concurso – o Bill

Operate Transfer Project ou BOT Project – para a criação de um sistema de telecomunicações de raiz, e que previa a atribuição de uma licença de exploração das redes fixa e móvel.

A 6 de Dezembro foram divulgados os resultados da pré-qualificação do concurso, tendo as empresas Portugal Telecom Internacional e a Telekomunikasaun Timor Lorosae ficado apuradas. Previa-se inicialmente que os resultados finais fossem conhecidos até ao final do primeiro trimestre de 2002, mas aqueles só deverão ser anunciados após a atribuição formal da soberania ao território.

Contactada a operadora incumbente portuguesa no sentido de obter informações sobre a sua estratégia para Timor, foi-nos enviado um comunicado de imprensa referente a Abril deste ano (sem indicação de dia), com a posição da PT sobre o concurso. Da responsabilidade de Nuno Caldeira da Silva, presidente do conselho executivo da PTI, o documento referia que a empresa «está presente no concurso público para o estabelecimento, gestão e exploração de um sistema completo de telecomunicações em Timor Leste, liderando uma *joint venture* com a HARII, Sociedade para o Desenvolvimento de Timor Lorosae, S.G.P.S., S.A., a Fundação Oriente e a Vodatel Systems Inc., um fornecedor de equipamentos e serviços de telecomunicações e TI com actividades em Macau e Hong Kong.» Mais esclarece a PT que o concurso prevê a atribuição de uma concessão por um prazo não inferior a 15 anos, a qual tem por objecto «a prestação, em exclusivo, do serviço de telecomunicações públicas de voz (incluindo o serviço fixo de telefone e o serviço de telecomunicações móveis) e de dados, nacional e internacional», além do «estabelecimento, gestão e exploração das infra-estruturas e redes de telecomunicações endereçadas e de teledifusão.» Ficarão excluídos do regime de exclusividade os ISP, «cuja actividade estará inicialmente vedada ao operador», e a comercialização de equipamento terminal.

A PT compromete-se, caso vença o concurso, a proceder «à constituição imediata da empresa operadora, prevendo-se uma participação relevante de entidades timorenses públicas e privadas no capital social da mesma.» A companhia prevê igualmente «um forte investimento inicial para reabilitação das infra-estruturas e dos serviços, os quais, após os acontecimentos de (Setembro de) 1999, se encontram seriamente danificados.» Isto não obstante, refere o comunicado, a presença no território do operador australiano Telstra, que desde aquela data tem assegurado a prestação dos serviços de telecomunicações públicas fixas e móveis, além do acesso à Internet.

Uma estação como as nossas

Que fique... registado: os Correios de Portugal foram os primeiros a corresponder em pleno ao apelo da cooperação com Timor – e o serviço postal foi o primeiro dos considerados básicos a retomar um funcionamento «normal».

Por decisão do seu presidente, Emílio Rosa, os CTT decidiram criar um Grupo de Missão Timor, constituído por três elementos, que permaneceram no território entre Novembro e Dezembro de 1999. Rui Oliveira e Sousa, responsável da área de projectos especiais da empresa, foi um deles. Depois disso, já voltou, sozinho ou com outros colegas, quatro vezes a Timor: em Fevereiro de 2000; de Março a Maio de 2000; entre Setembro e Outubro de 2000; de Fevereiro a Março de 2002. Uma experiência que lhe permite avaliar a evolução do trabalho feito, que começou «da base zero. Não havia nada. Começámos a trabalhar, mesmo, num vão de escada!»

A primeira fase consistiu pois em restabelecer a distribuição postal (por apartados – não existe, por enquanto, domiciliária) nas duas principais cidades, Dili e Baucau. Na primeira fez-se um entreposto postal (no aeroporto) e um centro de serviços postais, e na segunda uma estação de correios. A escolha e a construção de instalações revelaram-se o primeiro grande problema, resolvido pela intervenção do Comissariado da ONU para Timor através de um acordo com a Associação Comercial, Agrícola e Industrial para a cedência de um espaço no seu edifício. Funcionários? Pouco depois de chegarem, os homens dos CTT encontraram aquele que tinha sido o último chefe dos correios de Dili até ao referendo. Ele passou a palavra aos colegas, e estes foram aparecendo. Feita uma selecção, realizaram-se posteriormente acções de formação.

Havendo espaços e pessoas, faltava apenas o resto... que era quase tudo. A (re)construção das estações foi efectuada por uma empresa australiana mas o projecto de arquitectura foi desenvolvido pelos CTT, com base nas informações e dados recolhidos por Rui Oliveira e Sousa e pelos seus colegas. «Nós fornecemos tudo, "novinho em folha", igual ao que temos aqui em Portugal. E estamos a falar de *todo* o equipamento: mesas, cadeiras, móveis, material postal e consumíveis, envelopes almofadados, embalagens de cartão canelado, impressos já com a referência "Correios de Timor Leste", etiquetas, rótulos, carimbos de "taxa paga", até fardas! Tudo o que é preciso para o correio funcionar.» Incluindo, obviamente, selos. Os CTT «conceberam, produziram e ofereceram» uma emissão de (dois) selos – um para o correio nacional e outro para o internacional – de que foi feita uma primeira impressão de 200 mil exemplares (100 + 100) de cada um. E já houve reimpressões.

Pormenor muito importante é o facto de (mais uma vez à imagem do que acontece em Portugal) o atendimento nas estações de Dili e de Baucau estar informatizado, bem como a expedição de correio para o estrangeiro. Na opinião de Rui Oliveira e Sousa, trata-se de um sistema que está, talvez, «demasiado avançado» para as necessidades actuais do território, embora se possa afirmar que «Timor tem o melhor equipamento (do género) da zona Ásia-Pacífico.» Como seria de esperar, foram os CTT que deram todo o *hardware* e *software*. O nosso entrevistado salienta que a sua empresa suportou sozinha, sem quaisquer outros apoios, todos os custos. O investimento – porque é disso que se trata – representou um número «muitíssimo elevado, que chega à centena de milhar de contos (quase 500 mil euros).»

Os Correios de Timor Leste começaram a funcionar, com cerca de 20 pessoas, a 29 de Abril de 2000. Antes, em Janeiro, a União Postal Universal havia – por solicitação dos CTT, que conduziram o processo – «certificado» (isto é, autorizado) a administração postal timorense como estando apta a funcionar. Entretanto, o Grupo de Missão Timor havia sido extinto, não sem antes os seus elementos terem recebido instruções para «concebermos, orçamentarmos, programarmos, a fase dois: a extensão dos serviços postais ao resto do território (mais onze distritos), inicialmente aos centros populacionais mais importantes», o alargamento da oferta de produtos e serviços, o reforço da formação e, eventualmente, o início da distribuição postal domiciliária. Isto «para criar um mínimo de autonomia aos correios timorenses, que estão 100% dependentes do exterior, designadamente de Portugal.» Apresentado a 16 de Outubro de 2000, este plano ainda não teve concretização.

Rui Oliveira e Sousa tem sido sucessivamente convidado pela ONU para dirigir a administração postal da nova nação. As condições financeiras seriam excelentes – «davam-me muito, muito, muito dinheiro!» – mas a dúvida subsiste quanto às pessoais e profissionais. Ainda não se decidiu. «Tenho sido altamente assediado, pressionado, para ir para Timor. Mas não sei se vou voltar. Admito numa de "ir e vir". Vou lá, trabalho com eles dois meses... Agora, ir para ficar...»

Novo ponto no mapa digital

Depois dos telefones, em que a PT quer assumir um lugar de destaque, e os correios, em que os CTT já o ocupam, há que falar de um terceiro vector das comunicações cuja importância é igualmente inegável no desenvolvimento de Timor: o acesso à Internet. Aqui a principal força é personificada por Rui Marques. Com «uma pequena ajuda dos seus amigos» em Portugal da Vodafone, Jazztel, Compaq, Microsoft, Rumos, ICAM, Instituto Português da Juventude, Câmara Municipal de Lisboa...

O antigo director do Grupo Fórum e presidente da Associação para a Promoção do Multimédia em Portugal está em Timor há mais de um ano a supervisionar, primeiro a construção e agora o funcionamento, do Centro Juvenil Padre António Vieira, em Dili. O centro, uma casa «aberta à comunidade», é uma iniciativa desenvolvida em parceria pela Associação 12 de Novembro, Companhia de Jesus e Movijovem. A primeira pedra foi posta em Dezembro de 2000 e a inauguração teve lugar doze meses depois. O seu objectivo principal é apoiar todos os jovens timorenses através de formação profissional, tendo sempre em vista «a sua plena realização como pessoas e a sua mobilização para a reconstrução do seu país.» Rui Marques enviou-nos de Dili um depoimento dando-nos conta do trabalho já feito e do que há a fazer. O que se pretende fundamentalmente é «contribuir para que Timor se ligue definitivamente ao Mundo, combatendo o isolamento e a distância, aproveitando para tal as fortíssimas capacidades da Sociedade de Informação.» O centro apostou por isso numa «importante componente digital» que passa por:

- Equipamento informático e acesso à Internet. Com os 28 computadores oferecidos pela Compaq, utilizando software em português oferecido pela Microsoft (Windows Millennium e Office), montados por uma equipa dirigida por um profissional da Jazztel, o centro fica a dispor de «recursos informáticos sem paralelo em Timor.» Os PC's estão ligados em rede e dispõem de acesso – de alto débito – à Internet, cujos custos são suportados pela Fundação Vodafone Telecel. (O protocolo que formalizou este patrocínio foi assinado a 11 de Janeiro de 2002, tendo na ocasião António Carrapatoso entregue a Rui Marques um donativo de 25 mil euros para o CJPAV). «Desta forma, quer nos postos de acesso à Internet na biblioteca, nas salas de formação, ou nas várias salas de trabalho, podem usufruir de todos os recursos que a conectividade permite.»

– Formação de formadores e de utilizadores. Com o apoio do (ex) Ministério da Ciência e da Tecnologia, da ANACOM e da Rumos, iniciou-se um «ambicioso programa de formação em literacia tecnológica básica» que incluiu, numa primeira fase, a formação – técnica e pedagógica – de 18 formadores timorenses, «e que agora, semana a semana, vão formando outros. (O que faz) 1000! Por ano!» Isto para que ganhem competências em computadores e através deles se liguem à Internet. «E como é bom ver como abrem contas de *e-mail*, como procuram notícias sobre a sua terra, ou simplesmente navegam, vendo e aprendendo...»

– Produção de conteúdos timorenses para a Internet. Com o apoio da ANACOM, está também em curso «um ambicioso programa de produção de conteúdos, em tétum e em português, sobre a identidade timorense, nomeadamente a sua história, cultura, línguas e tradições. Esses materiais ficarão disponíveis na Internet, para consulta em qualquer parte do Mundo. É outra forma de pôr Timor no mundo digital e, assim, afastá-lo da sombra do esquecimento.»

O centro é, na prática um edifício e uma instituição «multiusos», com pousada da juventude, restaurante, anfiteatro (para 200 pessoas), a Biblioteca Sophia de Mello Breyner (com cerca de seis mil livros, todos em português), centro de audiovisuais/cine-clube/videoteca... e uma capela. É, por isso, um espaço privilegiado – e devidamente apetrechado – para «desenvolver uma acção consistente de formação (e qualificação) de jovens timorenses em tecnologias da informação e comunicação.» Os primeiros resultados já estão à vista, e segundo José Vagos, da Rumos, são promissores. «O *feedback* que estamos a ter das acções de formação (ministradas por três elementos da empresa entre Fevereiro e Abril) é bastante positivo. Especialmente em relação à formação em concepção de *websites*, esperamos todos ver resultados práticos muito em breve nos servidores timorenses!»

O «desenrascanço» português

Jorge Alves partilha deste optimismo. Afinal, ele esteve lá, na primeira quinzena de Dezembro passado, a dirigir a instalação de toda a infra-estrutura tecnológica do Centro Juvenil Padre António Vieira, em «representação» da Jazztel Portugal, da qual é director de desenvolvimento de produtos e serviços.

Jorge Alves já conhecia Rui Marques do período em que o portal Terràvista fez parte da Jazztel. E quando o homem que liderou o Lusitânia Expresso «aí por volta de Setembro enviou um *mail* ao Joaquim Paiva Chaves a dizer que "temos cá tudo, agora precisamos de alguém que nos possa ajudar", o Joaquim lembrou-se de mim.» Assim, e após uma viagem de Lisboa a Dili que durou praticamente um dia, com escalas em Amsterdão, Kuala Lumpur e Darwin, Jorge Alves chegou enfim ao seu destino. O que lhe pareceu? «É um oásis em Timor Leste. Uma pequena ilha. Um espaço espectacular. O Rui dotou aquilo de infra-estruturas de "primeiro mundo".» De facto, «tem tudo. Quase 30 computadores... foi preciso desmontá-los, testá-los, instalar o sistema operativo... Dois servidores, três impressoras, dois *scanners*, gravadores de CD's, *webcam's*, consolas, cabos de rede...» O que não tinham era uma pessoa «que percebesse um pouco de tudo. Precisavam de alguém que montasse as coisas. Eu tinha que deixar tudo a funcionar.» O que aconteceu, mas não sem algumas dificuldades.

Desde logo, o clima. O calor, a humidade e o pó são factores que podem afectar os equipamentos, apesar de «todas as salas terem ar condicionado.» Operários qualificados em Timor é algo «bastante complicado de arranjar. Não há canalizadores... e havia dois electricistas.» As tomadas de electricidade foram outro problema: o sistema utilizado em Timor é o de tripla entrada à «inglesa», isto é, à «australiana», pelo que se teve que adaptar os equipamentos existentes que, à «europeia» (e portuguesa), tinham duas. Nada que se compare, porém, ao grande susto que a equipa – o português foi auxiliado por um electricista e por dois «faz tudo» – sofreu a dois dias da inauguração: Jorge Alves apercebeu-se de que todos os computadores, em vez de placas de rede, «tinham todos modem! Não havia Internet para ninguém! Foi o pânico.» Consideradas as alternativas, optou-se por mandar vir a quantidade necessária de placas não de Lisboa mas de Darwin, através da esposa, australiana, de um emigrante português, conhecido de Rui Marques. A senhora viria no dia seguinte a Dili, para a inauguração, e o homem da Jazztel teve que... improvisar. «Telefonei-lhe. Ela não fazia a mínima ideia do que era preciso, mas disse-lhe: "vá à loja de computadores, e quando chegar ligue-me".» E o problema foi solucionado a tempo. «Há todas essas pequenas coisas que fazem com que qualquer tarefa tenha uma dificuldade que não se pode prever. Tudo o que pode acontecer... acontece.»

206   *Os Novos Descobrimentos*

Um dos factos que mais impressionou Jorge Alves foi «a falta de conhecimento. Dizer a alguém para pegar no rato, e ele não ter minimamente a ideia do que fazer com aquilo... é o básico, mesmo. Não há! As pessoas novas podem não saber inglês, português também não, e então como é que entendem? Com (os símbolos, ícones, d)o computador.» O que prova que as tecnologias da informação são, tal como a solidariedade, uma linguagem universal.

Não há longe, nem distância

Se falar de Timor já constitui muitas vezes um motivo suficiente para despertar paixões, imagine-se como é estar lá. Ganham-se impressões muito fortes, em que o espanto muitas vezes se mistura com a esperança.

Quem chegou ao território logo após o «Setembro Negro» de 1999 foi testemunha da destruição e desolação que tinham ocorrido. Rui Oliveira e Sousa, que com os seus colegas ficou hospedado na missão do Padre Vítor Melícias («dormi no chão, e quem queria fazer a barba usava um bocado de vidro como espelho»), diz que as imagens dadas pela televisão ficaram muito aquém da realidade. Os indonésios e seus aliados destruíram Timor «científica, sistemática e completamente.» Tudo excepto o ânimo dos seus naturais.

Para Rui Marques «apetece dizer que "não há longe, nem distância". Do muito que há a fazer, o combate à distância e ao isolamento é, a nosso ver, tarefa prioritária. A "pior" pobreza é estar longe de tudo, não contar para nada.» Depois de longos anos em que foi um «não assunto», Timor atingiu em finais de 1999 «o ponto de menor isolamento e distância da comunidade internacional, num crescendo em que nós, portugueses, fomos aumentando a proximidade e cumplicidade com este povo que tudo merece. O seu sofrimento passou a ser nosso também, e a sua luta pela libertação, nossa bandeira assumida.» Para o novo país, «volvidos três anos, no horizonte ressurge o fantasma do isolamento. Ao sair da "agenda internacional", ao atingir a "normalidade", corre o risco de ver fechar as suas pontes para o Mundo, de voltar para a sombra.» É por isso que «há que provar que a Sociedade de Informação pode estar ao serviço dos mais pobres e distantes. O "fosso digital" pode não ser uma fatalidade e, ao invés, podemos construir uma "ponte digital" para ligar Timor ao Mundo, dotar de competências os seus jovens para que o seu horizonte vá além do mar de dificuldades que cerca o futuro de Timor.»

O mais importante, aqui como em outros lugares, são as pessoas. Jorge Alves confirma que «eles são muito afáveis. Empenhados. Têm fé que aquilo vai mudar. Acreditam que vai ser melhor. Estão todos unidos.» E apesar de o contacto ser «muito fácil», a verdade é que a(s) línguas(s) ainda causam algumas dificuldades. «As pessoas com menos de 20 anos falam muito mal português. As mais novinhas, que estão agora na escola a aprender português, vêm ter connosco e dizem "olá!" O português é excepcionalmente complicado comparado com o bahasa indonésio ou com o próprio tétum, cujos verbos só têm infinitivo... As pessoas com mais idade, essas sim, falam português e têm um certo orgulho nisso.» Há sentimentos que só laços ancestrais podem explicar. «Os portugueses, mesmo os que são soldados e polícias, podem ir na rua e param para irem jogar à bola com os jovens. Aos australianos, que fazem *jogging* de arma em punho (!), faz muita confusão a nossa maneira de estar. Pensam: "como é que os timorenses gostam tanto daqueles tipos que estiveram 25 anos do outro lado do Mundo"?» É, porque será?

*(De: **Octávio dos Santos**; Comunicações N.º 129, 2002/5)*